암탉
신드롬

시장사회에서 여자가 깨야 하는

암탉 신드롬

지은이 | 유나경
펴낸곳 | 북포스
펴낸이 | 방현철

편집자 | 공순례
디자인 | 엔드디자인

1판 1쇄 찍은날 | 2015년 03월 20일
1판 1쇄 펴낸날 | 2015년 03월 27일

출판등록 | 2004년 02월 03일 제313-00026호
주소 | 서울시 영등포구 양평동5가 18 우림라이온스밸리 B동 512호
전화 | (02)337-9888
팩스 | (02)337-6665
전자우편 | bhcbang@hanmail.net

이 도서의 국립중앙도서관 출판시도서목록(CIP)은 e-CIP 홈페이지(http://www.nl.go.kr/ecip)와
국가자료공동목록시스템(http://www.nl.go.kr/kolisnet)에서 이용하실 수 있습니다.
(CIP제어번호: 2015007211)

ISBN 978-89-91120-86-0 03300
값 13,000원

시장사회에서
여자가
깨야 하는

암탉
신드롬

유나경 지음

북포스

이 책은 나 자신을 반성하는 데서부터 시작되었다. 그동안 나는 사회에서 일어나는 이러저러한 일들에 대해 크게 관심이 없었다. 가벼운 관심이야 있었지만 잠깐 눈길 주다 마는 정도였을 뿐 왜 이런 일이 생겼는지, 어떤 대안이 있어야 하는지에 대해 진지하게 생각해보지 않았다. 주변 사람들 역시 크게 다를 바 없었다. 그렇지 않았다면 나는 별종 취급을 받았을 테고, 어쨌거나 문제를 좀 더 일찍 인식했을 것이다. 하지만 다들 사회 현상에 대한 정확한 배경지식이나 문제의식 없이 매일을 살아가고 있다.

조금만 깊이 생각해보면, 이것이 오로지 '나'라는 개인의 문제이거나 내 이웃의 문제인 것만은 아님을 알 수 있다. 시대가 변했다고 해도 통념은 여전히 여자를 집 안에 가두고 있기 때문이다. 여자라면 사회에 관심을 가지기보다 가정을 돌봐야 한다는 식의 기대 말이다. '암탉이 울면 집안이 망한다'는 말이 아직도 공공연하게 쓰이고 있지 않은가. 사회 현상에 무관심한 데에는 갈수록 남녀가 따로 없는 듯이 보이지만, 그럼에도 여자한테 그런 경향이 더 강한 건 사회 전반의 통념이나 기대와 전혀 무관하지 않다고 생각한다.

그렇다고 이 책에서 어떤 해결책을 내놓겠다는 건 아니다. 최소한 이 정도는 알고 있어야 한다는 생각으로 우리 사회에 존재하는 다양한 문제와 정치 개념들을 풀어놓은 것뿐이다. 우리가 어떤 사회에서 사는지를 비롯하여 진짜 알아야 할 것들을 몰라서 더 약자가 되거나 피해자가 되는 현실, 그리고 그 아래에 깔린 보이지 않는 시스템을 말하고 싶었다. 더불어 여자가 사회에서 해야 할 역할에 대해서도 함께 고민하고 싶었다.

따지고 보면 일반 대중이 사회문제를 외면하는 데에는 지식인들의 책임 또한 크다. 우리나라 지식인들은 왜 사회문제를 다루는 책들을 쓰지 않는 걸까? 학자들이 사회문제를 파헤치고 문제를 제기하지 않는 것은 일종의 직무유기다. 이런 현상에는 출판계도 한몫한다. 돈이 안 되기 때문이다. 가뜩이나 경기가 어렵다고 한숨 푹푹 쉬는 출판사로서는 어쩔 수 없는 선택이겠지만, 앞다투어 출간하는 책들은 자기계발서 일색이다. 또, 간혹 눈에 띄는 사회과학책들은 대체로 어렵고, 그마저도 외국 저자의 책을 번역한 것이 많다. 사전을 찾아보기 않으면 알 수 없는 전문 용어들을 잔뜩 씨놓고는 해석도 해주지 않는다. 기본 개념도 모르는데 이런 책들을 보다 보면 기가 질리기 마련 아니겠는가. 그래서 정치나 사회에 관한 책들을 손에 쥐지 않게 되고, 진짜 알아야 할 것들에서 대중은 점점 멀어진다. 이것은 지식인들과 우리나라 출판계가 다시 고민해봐야 할 문제다.

그런 이유로 이번 책은 쉽게 쓰고자 했다. 대부분 용어를 풀어쓴다 생각하고 썼다. 그런데도 다루는 문제들의 무게감 탓인지 가볍게 훑고 지나가기엔 어려울지도 모르겠다. 하지만 우리가 꼭 알고 넘어가야 하는 문제들과 개념적인 부분을 다루었으니 비타민 먹는다 생각하고 신맛을 이겨내기 바란다. 사회 개념에 대한 기초지식이 없는 경우가 너무 많았고, 이런 까닭에 사회문제에 대한 관심으로 이어지지 않는다는 생각에서다.

먼저 1장에서는 시장사회 속에서 여자가 어떻게 자리하고 있는가를 다루었고, 2장에서는 꼭 알아야 할 전반적인 사회문제를 다루었다. 3장에는 정치와 사회에서 기본이 되는 개념들을 풀어썼고, 4장에서는 독서 이야기를 했다. 특히 4장에 소개된 책들은 꼭 읽어보기를 권한다. 나이가 들수록 공부하지 않는 여자들을 위해 꼼꼼하게 고른 책들로, 당신이 우물 안에서 폴짝 튀어 나오도록 탄력 좋은 스프링이 되어줄 것이다.

많은 여자가 이 책을 통해 세상에 대한 문제의식과 실천 의지를 나와 공유하게 되기를 진심으로 바란다. 더불어 우리 모두 더 나은 세상을 만들기 위해 함께하는 그날을 손꼽아 기다려본다. 이 책이 세상에 나오게 해주신 북포스 대표님께 감사드린다. 그리고 늘 응원해주는 사랑하는 남편과 두 아들에게 깊은 사랑을 담아 보낸다.

2015년 2월

유나경

차 례

프롤로그 ··· 4

1장

: 여자, 여자를 말하다 :

물광 피부, S 라인의 그녀들 ··· 14

세상을 안다는 착각 ··· 22

너네 집 몇 평이니? ··· 29

정치가들이 알아서 하겠지 ··· 36

힐링은 우리에게 무엇을 남겼나 ··· 43

개와 고양이, 그리고 여자 ··· 50

21세기에 사랑이란 ··· 58

여자의 적은 여자라고? ··· 65

2장

: 새로운 눈으로 세상을 보다 :

나는 진보여야 했다 ··· **74**

모든 것이 상품이 된 시장사회 ··· **81**

대학에 가지 않을 권리 ··· **89**

개천의 용이 사라진 이유 ··· **96**

고도의 거짓말, 통계 ··· **103**

'자기계발'이라는 엄청난 돈줄 ··· **110**

왜 분노하지 않는가 ··· **117**

우리 사회의 노동자 ··· **124**

3장

: 아홉 가지 주제를 타고 넘다 :

제대로 모르는 자본주의 ⋯ 132

하나도 모르는 신자유주의 ⋯ 139

어설프게 알고 있는 민주주의 ⋯ 146

알려고 하지도 않았던 사회주의 ⋯ 154

장벽이 없는 다국적 기업 ⋯ 161

공공성과 공공재 ⋯ 168

자유와 평등 ⋯ 174

양극화와 계급 ⋯ 181

오늘날 대한민국의 주인은 누구일까 ⋯ 188

4장

: 진보하는 여자의 서재 :

책 읽는 여자는 위험하다? … 196

꼭 한 번은 읽어야 하는 책들 … 203

공부해서 남 주자 … 210

달콤한 책보다 쓴 책을 읽자 … 217

배움의 참맛을 알다 … 224

내 인생 한 권의 책을 갖자 … 231

진보하는 여자를 위하여 … 238

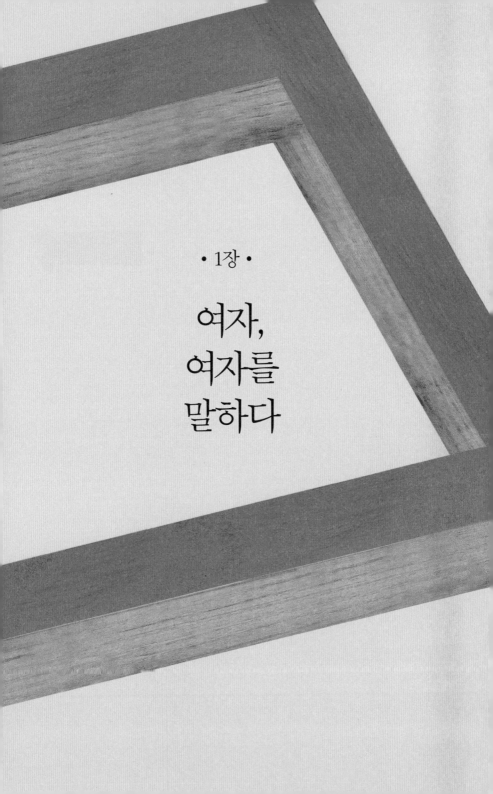

· 1장 ·

여자,
여자를
말하다

물광 피부, S 라인의 그녀들

요즘 대중매체에서 높은 관심을 받고 있는 연예인 중에는 사십대 여배우들이 많다. 광채 나는 물광 피부에 군살 하나 없는 균형 잡힌 몸매, 물론 눈가에 주름 따위도 없다. 사십이 넘었지만 여전히 아름답고 섹시하기까지 한 그녀들. 아이'들'의 엄마임에도 이십대 못지 않은 피부를 유지하고 있고 몸매 또한 남다르다.

물론 그녀들의 이런 젊음과 아름다움이 저절로 만들어진 것이 아니라는 것쯤은 모두 알고 있다. 그렇기에 '그녀들'처럼 되고 싶다는 뭇 여자들의 열망을 타고 성형외과와 피부과는 불황을 모르는 업종이 되었고, 우리나라는 세계가 인정하는 성형왕국이 되었다. 여자들은 성형하기 위해 '성형계'까지 만들어 아름다워질 그날을 손꼽아 기다린다. 성형만 하면 모든 것이 저절로 풀릴 거라는 막연한 기대를 품은 채 말이다.

이는 우리 사회가 여성을 보는 시각이 얼마나 외모 중심적인지를 단적으로 보여준다. 여자가 섹시하고 아름다우면 모든 것을 얻을 수 있는 것처럼 말하고, 성형에 따른 부작용이나 더 중요한 여자의 사회적 역할에 대해선 점점 더 굳게 입을 다문다. 늘 그래 왔지만 시장에서 여성이 소비되는 코드는 아름다움과 섹시함이다. 게다가 그 연령대도 점점 늘어나고 있다. 이삼십대 여자가 섹시해야 하는 것은 마치 의무사항인 양 오래전부터 굳어졌지만, 최근엔 사십대 여자들을 향한 코드에도 '섹시'가 점점 더 중요해지고 있다. 여기에 '동안' 열풍까지 더해져 나이가 들어도 주름살이 있어서는 안 된다는, 자연을 거스르는 새로운 공식을 만들어놓았다.

이제는 대중에 노출되는 연예인들뿐만 아니라 일반 여성들도 필러에 보톡스에 젊음을 붙들고자 기를 쓴다. TV 드라마나 영화에서 사십대임에도 여전히 아름답고 섹시한 그녀들을 제2의 전성기라 치켜세우며 섹시 마케팅에 열을 올리기 때문이다. 여자들은 그녀들처럼 되기 위해서 피부과를 찾거나 피트니스 클럽을 찾아다닌다. 물론 그런 곳에 돈을 쓸 만큼 경제적 여력이 있는 여자들에 한한 이야기지만, 그렇지 못한 여자들에게도 영향을 준다. 피부과를 못 가는 대신 아이크림이라도 더 사게 되고, 피트니스 클럽을 못 가는 대신 저렴한 운동기구라도 사게 된다.

언제부턴가 우리는 '섹시한 여자'를 더욱 좋아하게 되었고, 스스로도 섹시한 여자가 되고 싶어졌다. 이에 따라 여자는 외모 시장에서 더욱 젊고 아름답고 섹시하기를 강요당하며 소비되고 있다. 무엇보다 중요한 사실은 이런 섹시 코드가 여성의 사회적인 역할을 축소시키는 데 한몫한다는 점이다. 여자가 해야 할 여러 역할에서 생물학적인 역할만을 부각함으로써 다른 진짜 중요한 부분에서 신경 쓰고 해야 할 일들을 빼앗는 것이다.

도대체 언제까지 섹시해야만 하나? 도대체 언제까지 최면을 걸 텐가? 여자라면 여성성을 유지하는 것이야말로 최고의 미덕이라고 여자들 자신이, 그리고 시장이 믿도록 말이다. 여자들이 섹시해지기 위해 애를 쓰는 동안 놓치는 많은 것은 누가 다 가지고 가는 걸까? 바로 거대 자본이고 시장이다.

시장은 여자가 섹시해지려고 안달하면 할수록 점점 더 많은 이윤을 낸다. 시장사회에서 자신을 지키는 일은 그런 속임수에 속지 않는 것이다. 돈을 쓰면서까지 섹시하지 않아도 된다! 섹시하지 않아도 된다고 이제는 말해야 한다.

여기서 등장한 '시장사회'라는 용어는 미국 하버드 대학교 정치학과 교수인 마이클 샌델에게서 나왔다. 그는 《돈으로 살 수 없는 것들》에서 "우리는 시장경제를 가진(having market economy) 시대에서 시장사회를 이룬(being market society) 시대로 휩쓸려 왔다"고 이야기했다. 시장경제는 인간의 생산 활동을 조직하는 효과적인 '도구'이지만, 시장사회는 우리 삶의 대부분이 판매 대상이 되어버린 '생활방식'이라 할 수 있다.

시장사회에서는 인간이 살아가는 데 필요한 거의 모든 것이 돈으로 거래된다. 물건이야 말할 것도 없고 대인관계, 법 적용, 건강, 시간 등 유형·무형의 모든 것이 말이다. 그래서 젊음과 섹시함 역시 사고파는 상품이 되는 것이다.

본질적인 것으로 돌아가서, 젊고 섹시해서 좋은 건 도대체 무엇일까? 왕성한 성생활? 그것으로 얻어지는 좋은 부부관계와 건강? 이 또한 개인적인 것으로 돌아가는 것임을 잊지 말아야 한다. 시장이 원하는 것은 우리가 사회적인 것에 관심을 두는 것이 아니라, 지극히 개인적인 것들에 관심을 가지는 것이다. 만약 여자가 섹시함에서 벗어나면 무엇을 할 수 있을까? 모르긴 해도 아마 더 많은 생각과 행동들이 모여 세상에 변화를 가져올 수 있을 것이다. 그러니 이제 아무런 비판 없이 세상을 받아들이는 일을 멈추어야 한다. 세상이 어떻게 돌아가는지 눈을 떠야 한다.

여자들은 줄곧 예쁘게 보여야 한다는 강박에 사로잡혀왔다. 몇 시간 동아나 미용실에서 냄새나는 기다림을 기꺼이 치러왔으며,

아침마다 화장대 앞에서 긴 시간을 보내느라 꿀맛 같은 잠을 희생했다. 여자의 품위를 지키기 위한 이런 기본적인 행동 외에 이제는 젊음을 붙잡아둬야 한다는 강박까지 떠안게 된 것이다. 이런 현상은 미국을 기점으로 시장자유주의를 취하고 있는 대부분의 국가에서 시작되었다. 왜냐하면 시장사회에서 젊음이나 외모는 거래 가능한 재화가 되었기 때문이다. 의학기술의 발달로 이제 '아름다움'은 돈을 내면 살 수 있는 것이 되었다.

그렇게 성형 산업은 막대한 규모로 성장했고, 대중매체는 판단을 흐리게 하는 과대광고로 여자들을 유혹한다. "아직도 안 했니?", "너 빼고 다 했다", "부모님 나를 낳으시고 의느님 나를 만드셨다" 등 성형외과 광고는 여자들의 경쟁심을 자극하는 광고 카피를 써가며 성형을 하지 않으면 시대에 뒤떨어진 사람이라도 되는 듯이 만들어가고 있다. 수술에 따른 부작용이나 위험에 대해서는 입도 뻥끗하지 않는다. 소비자인 여자들은 이런 위험을 모르거나 알면서도 뒤로한 채 자신의 목숨을 담보로 수술대에 오른다. 시장은 힘을 합쳐 여자가 성형을 하면 상황이 좋아질 것처럼 선전한다. 하지만 치료의 목적이 아니라 단지 더 아름다워지기 위해 성형을 했던 사람 중 많은 이들이 성형수술이 자신의 인생에서 엄청난 변수로 작용하지는 않았다고 고백한다. 사람 사는 일이 단지 외모 하나만으로 승부를 걸 만큼 만만하진 않다는 애기다. 결국 성형외과

의사의 아파트 평수만 늘려준 셈이다.

그런데도 시장은 여전히 섹시해지면 돈을 벌 수 있고 비교 경쟁에서 우위를 점할 수 있다고 유혹한다. 대중매체에서는 재벌이나 권력층이 과시하기 위해 아름답고 섹시한 여자를 옆에 두는 것을 쉽게 볼 수 있다. 특히 미국 방송은 대놓고 이런 구도를 보여주고, 여자들은 그들의 옆에 서고 싶어 안달을 낸다. 또 유명 인사들의 화려한 생활을 보여줌으로써 점점 더 소비하고자 하는 욕망에 부채질을 한다.

이것이 바로 시장이 소비를 자극하는 방식이다. 화려함을 보여주고 그것에 너나없이 뛰어들어 그들이 생산하는 제품이나 병원에 돈을 쓰도록 만드는 것이다. 하지만 소비자인 여자들은 대부분 그런 점을 의식하지 않는다. 너무나 당연하게 시장의 의도대로 생각하고 행동한다. 심하게 말하면 우리는 어떤 면에서 시장의 꼭두각시다.

또 다른 문제는 외모 지상주의 사회에서 가난하고 힘없는 여자들은 소외된다는 점이다. 가난한 여자에게 동안과 아름다움은 부모가 물려주기 전까지는 가질 수 없는 것이다. 사실 현실적인 필요라는 의미에서 젊음을 되찾아야 한다면 고생의 흔적이 적은 돈 많은 여자보다 고생의 흔적이 묻어 있는 가난한 여자에게 더 필요한 것일 테데 말이다. 실제로두 돈 많은 계층은 더 남씬하지만 그렇지 못한 계층은 뚱뚱하다는 결과가 있다. 아름다움이 곧 돈이라는 공식이 지속되는 한, 가난한 여자에게 젊고 아름다워질 차례가 돌아가기란 요원한 일로 보인다.

인위적인 아름다움은 돈 많은 여자에게도 그다지 도움이 되지 않는다. 그들은 젊음을 돈으로 살 수 있다고 여긴다. 보톡스를 맞으면 일시적이지만 젊음이 얻어지는 것처럼 보이기도 한다. 하지만 보톡스가 젊음을 되돌려주는 것은 결코 아니라고 의사들은 강조한다. 단기적으로 그 부위의 근육이 덜 움직이기 때문에 주름이 덜 잡혀 젊어졌다고 착각하게 되는 것뿐이다. 실제로 많은 연예인의 표정이 어색해진 것은 대개 보톡스 때문 아닌가. 성형중독에 빠져 타고난 아름다움을 잃어버린 전직 여배우나 일반인들 얘기가 널리 회자되는데도 우리는 멈추지 않는다. 아니, 정확히는 우리가 아니라 시장이 멈추지 않기 때문이다.

미얀마의 민주화를 이끌어낸 아웅 산 수치 여사에 대해선 대부분이 알고 있으리라. 언젠가 신문에서 그녀의 웃고 있는 사진을 본 적이 있다. 가장 눈에 띈 것은 눈가에 자잘하게 잡힌 잔주름이었다. 주름이 퍽 많았음에도 그녀의 얼굴은 더없이 아름다워 보였다. 부자연스러운 표정으로 웃는 빵빵한 그녀들보다 더 기품이 있었다. 우리는 점점 내면에서 우러나오는 진짜 아름다움은 내다 버리고 시장이 요구하는 가짜 아름다움만을 받아들이고 있다.

사람이 나이가 들면 생체 기능이 떨어져 주름이 잡히고 피부도 노화하는 것이 자연스러운 일이다. 그런데 여자가 자연스럽게 나이 먹는 것에 대해서만큼은 왜 아름답다고 말하지 않는가? 왜 우리 여자들은 이런 현상에 대해서 자성의 목소리를 높이지 않는가? 언제부터 문제의식이 사라진 걸까? 그것을 문제로 보지 못하는 지금이 바로 문제다.

세상을 안다는
착각

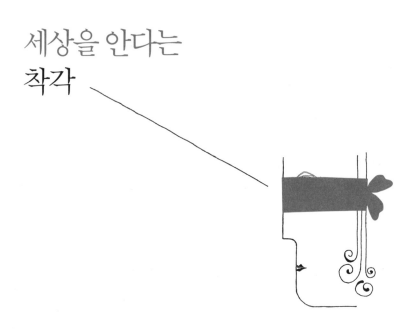

    대학에 입학하자 선배들이 《껍데기를 벗고서》란 사회과학 서적을 주며 말했다.

    "며칠 내로 무조건 읽어와. 리포트를 써오면 더 좋고."

    하지만 책을 읽지도 않았고 리포트를 쓰지도 않았다.

    얼마 후, 휴업이 결정되고 학내에서 최루탄이 터져 눈물, 콧물 흘리면서도 시위에 참여한 선배나 동기들을 그냥 바라보기만 했다. 어떤 공감이나 동요도 없었다. 그러다 졸업을 앞둔 마지막 학기에 교양 과목으로 여성학을 수강했다. 여성학 강의를 들으면서 처음으로 무언가 안에서 울컥하고 올라오는 것을 느꼈다. 그것은 내가 하는 고민이 결코 '개인적'인 것이 아니라 '사회적'인 것이라는 자각이었다. '나'에만 머무르던 시선이 '우리'에게로 옮겨간 최초의 시간이기도 했다. 하지만 그때뿐이었고, 사회적 자각은 거기서 멈추었다. 그냥 가끔 가다 어정쩡한 페미니스트 흉내를 내는 정도에 그쳤을 따름이다.

그러다 서울에 올라와 취직을 했고, 직장생활은 성취감보다는 억울함을 더 많이 느끼게 했다. 그즈음 대학 시절부터 운동권에 몸담아온 친구가 사회과학 서적을 날라다 주었다. 비좁은 자취방에서 읽은 그 책들은 조금씩 사회구조에 눈뜨게 해주었지만, 내가 내린 결론은 이번에도 엉뚱했다. '사회운동은 다른 세상의 이야기일 뿐'이라고 생각한 거다. 그러다 한 남자를 만나 결혼했다. 결혼한 여자로 살면서 새로운 가족관계 안에서 느낀 억울함은 처음 사회생활을 하던 때의 그것과 크게 다르지 않았다. 무언가 페미니스트적인 저항이 필요하다는 것을 절실히 느꼈지만, 그때마다 사랑이 그런 생각을 막았다. 기혼 여성으로 살면서 사회나 가정에서 만나는 잡다한 문제들로 힘들어할 때마다 사회운동을 하던 친구는 나를 시위 현장으로 데리고 다녔다. 그렇지만 친구한테 미안할 정도로 어떤 감흥이나 공감을 느낄 수 없었다.

사십대 여성이자 두 아이의 엄마인 '나'라는 존재는 어디까지나 개인적인 '나'였다. 대한민국 국민으로서 사회적인 '나'는 오직 선거

철에 투표소에서 줄을 서고 있을 때만 느껴지는 존재감일 뿐 그 이상도 이하도 아니었다. 사실 세상에 대한 불만도 없었다. 아니, 더 정확히 말하면 불만을 가질 만큼 세상을 몰랐다. 모르니까 분노하지도 못했다. 그렇게 내가 사는 세상의 시스템에 착하게 순응하며 살아왔다.

하지만 나만 이렇게 살아가고 있을까? 아마 그렇지는 않을 거다. 대부분은 조금 눈을 뜨다가도 눈앞에 닥친 현실의 문제들 때문에 '사회의식'이나 '사회 참여'와는 멀어지는 것이 우리의 현재 모습이지 않을까. 그것이 우리에게 얼마나 중요한 문제인지를 미처 생각하지 못한 채 말이다.

우리는 모두 정치·경제를 포함한 커다란 사회구조하에서 살아간다. 하다못해 해외여행을 가려고 해도 가장 먼저 국가라는 물리적 영역을 벗어나야 하고, 그러기 위해선 여권이나 비자가 반드시 필요하다. 그런데도 세상을 움직이는 시스템을 제대로 알지 못하다니 사실 말이 안 되는 거다. 이것은 마치 상자를 여는 열쇠를 갖지 못한 채 상자 속에 들어 있는 것들에만 관심을 가지는 것과 같다. 상자를 열지 못하면 아무 소용도 없는데 말이다. 실제로 고등교육을 마치고 사회적으로 왕성한 활동을 하고 있는 사람들조차 우리나라 노동자의 현실이나 '신자유주의'에 대해 말을 걸어보면 정확하게 알고 있는 사람이 많지 않다.

더 큰 문제는 이렇게 '대충' 아는 것을 가지고 '세상을 안다'고 착각하며 산다는 점이다. 우리는 꼭 알고 있어야 하는 '진짜 세상'에 대해 너무나 모르고 있다. 그렇게 '진짜 중요한 문제'로부터 멀어져 있다.

2015년 현재 대한민국을 살아가는 우리는 잘 알지도 못하는 세상이 시키는 대로 아이들을 학원으로 내몰고, 경쟁으로 몰아넣고 있다. 그렇다고 어른들은 행복한가? 어른들은 더 심각하게 현실적인 경쟁에 시달리고 있다. 이삼십대는 이삼십대대로, 사오십대는 사오십대대로 각각의 세대가 모두 시장 경쟁에 뛰어든 불나비들이다. 어디서 희생되고 어디서 멈추어야 하는지도 모르면서 자본주의의 화려한 불빛으로 달려드는 불나비들 말이다. 거기에 더해 인터넷을 비롯한 다양한 대중매체가 엄청난 양의 정보를 무차별로 쏟아내며 우리에게 속삭인다.

"이것이 세상이야. 넌 이미 모든 것을 알고 있어."

우리 삶에 진짜 도움이 되지 않는, 심지어 조작된 허접한 것들이 우리의 판단을 흐리게 한다. 우리는 한쪽으로 치우친 정보에 훨씬 더 많이 노출되어 있다. 좀더 정확히 말하면 이 세상의 질서를 유지하기에만 적절한 정보들에 말이다. 이제 우리가 알아야 할 것은 어쩌면 내가 알고 있는 것들이 '진짜 진실'인가의 여부가 아닐까. 자신의 사고와 판단으로 걸러지지 않은 정보들은 진짜 나의 것이 아니다. 나의 것이 아닌 주어진 생각은 결코 '신념'이나 '옳은 행동'을 이끌어내지 못한다. 그저 갈대처럼 이리저리 흔들리다 불나비가 되어 희생될 뿐이다.

세상을 제대로 알려면 눈에 보이는 현상만을 보면 안 된다. 그런 현상이 나타나게 된 원인을 알아야 한다. 그 인과관계를 파헤치지 않고는 이 세상이 왜 이렇게 미쳐가고 있는지 알 수가 없다. 원인을 제대로 알아야 해결책도 보인다. 무엇이 진짜 해결책인지를 가려내는 판단력이 생긴다. 그렇지 않고서는 이 무모한 비행을 멈출 수 있다는 생각조차 하지 못한다. 거대한 시스템 속에 갇혀 지레 포기하거나, 아니면 결코 변하지 않을 것 같은 세상에 알아서 굴복한다. 마치 영화 〈매트릭스〉에 등장하는 배신자 사이퍼처럼.

한편, 이렇게 말하는 나에게 사람들은 묻는다.

"알기만 하면 다 돼?"

옳은 지적이다. 나 또한 이 질문에 대한 고민을 안 한 게 아니다. 안다는 것만으로 세상을 변하게 할 수 있을까? 이 책을 읽는 대부분의 사람들처럼 나 또한 안다는 것만으로 세상은 변하지 않는다는 것을 안다. 하지만 모든 것의 시작은 '진정한 앎'이다. 다른 말로 '깨달음'이라고 해도 좋을 터이다.

안다는 것과 조금은 다른 지점에 있는 것이 바로 깨달음이다. 단지 지식이나 정보로 아는 것이 아니라 머리와 가슴을 관통하는 앎이 바로 깨달음이다. 이 깨달음은 단언컨대 행동을 유발한다. 그 옛날 무지한 노예가 책을 통해서든 사람을 통해서든 아니면 상황을 통해서든 스스로 체득하고 깨달은 그 진정한 앎이 그로 하여금 노예 해방의 꿈을 꾸게 하고 불씨를 지피게 했던 것처럼 행동 이전에 먼저 제대로 된 앎이 있었다. 그런 이유로 이 책은 '사회적인 자아'에 대한 자각을 강조하려고 한다. 사회적 자아에 대한 깊은 깨달음은 분명 사회적 행동으로 이어질 거라 믿는다.

또 다른 하나는 설령 지금 당장 행동하지 못한다 하더라도 머릿속으로나마 알고 있다면, 먼 훗날 우리의 아이들이 세상을 바꾸려 할 때 그들을 응원하고 함께 세상을 바꿀 수도 있을 터이다. 진실을 알고 있다는 것은 그래서 중요하다. 교육 문제 아래에는 경제 시스템이, 교묘한 정치 상황이 있다는 것을 알아야 한다. 무엇이 옳고 무엇이 그른지 그리고 어떻게 살아가야 하는지를 다시 찾아내야 한다.

이제 짙은 어둠에서 깨어나야 할 시간이다. 그래서 나와 같은 사람들이 더 많이 늘어나야 한다. 사회문제에서 한 발짝 물러나 있던 사람들이 내 문제는 곧 이웃의 문제이자 사회문제라는 절실한 의식을 가져야 한다. 그래야 대안이 생기고 세상이 변한다. 이것이 바로 세상에 대한 이야기를 가장 먼저 해야 한다고 생각한 이유다. 폴란드 출신이 세계적인 사회학자 지그문트 바우만은 《왜 우리는 불평등을 감수하는가》에서 이렇게 말한다.

"사람들은 바로 이런 세상이 우리가 살아가야만 하는 세상이라고 결론을

내린다. 옳은 결론이다. 그리고는 이런 종류의 세계에서는 어떠한 대안도

없고 있을 수도 없다고 결론짓는다. 잘못된 결론이다."

너네 집
몇 평이니?

'공부 잘하는 여자는 얼굴 예쁜 여자 앞에서 주눅이 들고, 얼굴 예쁜 여자는 시집 잘 간 여자 앞에서 주눅이 들고, 시집 잘 간 여자는 자식 잘된 여자 앞에서 주눅이 든다.'

속담을 빗대어 세상에 떠도는 말인데, 어디선가 한 번쯤은 들어봤을 것이다. 근데 이 이야기 속에 숨어 있는 뜻은 단순히 여자는 얼굴 예쁜 게 낫고, 시집 잘 가는 건 더 낫고, 자식 잘되는 건 그보다 더 낫다는 게 아니다. 그 아래에는 뿌리 깊은 비교문화가 자리하고 있다. 우리나라만큼 이웃과 친척에 신경을 곤두세우고 사는 나라가 있을까? 오죽하면 '사촌이 땅을 사면 배가 아프다'는 말까지 있으랴. 이렇게 일상에 깔린 비교문화를 접하며 살고 있으니 이웃집 남자의 월급이나 승진에 신경이 쓰이는 것은 어쩌면 당연하다고 하겠다.

EBS에서 방영된 〈마더쇼크〉에서는 우리나라 엄마들의 뇌가 주어진 비교 상황에서 상당히 민감하게 반응한다는 것을 실험으로 보여줬다. 아이들의 수학 점수를 가지고 우리나라와 외국 엄마들의 뇌를 스캔해봤다. 우리나라 엄마들은 아이들이 95점을 맞아도 옆집 아이가 100점을 맞았다면 전혀 기뻐하지 않았다. 또 아이가 50점을 맞았는데도 옆집 아이가 45점을 맞았으면 기뻐했다. 반면 유럽의 엄마들은 아이가 갖춘 실력에 비해 성적이 좋아졌으면 그것이 60점이든 85점이든 상관없이 기뻐했다. 우리나라 엄마들이 얼마나 비교문화에 젖어 사는지를 잘 보여주는 사례다.

왜 이렇게 비교에 민감한 걸까? 여자인 자신의 처지 때문에 그런 건 아닐까? 그러고 보니 우리나라에는 여자에 관한 속담이 많다. 암탉이 울면 집안이 망한다느니, 여자 목소리가 담장을 넘어가면 안 된다느니 하는 것 말이다. 거기에 더해 아예 이론으로 삼종지도, 칠거지악까지 있었다. 하긴 불과 30여 년 전인 1980년대만 해도 남아선호사상이 있었다. 내가 어릴 때는 여자들이 남자들과 같은 밥상에서 밥을 못 먹기도 했다. 시대가 변하긴 했지만 이런 가부장적인 문화는 아직도 사회 곳곳에 뿌리를 깊게 내리고 있다. 남자가 중심이고 여자는 주변이다. '여자 팔자 뒤웅박 팔자'라는 말도 있잖은가. 이 속담만큼 여자가 스스로 무언가를 할 수 있는 존재라는 점을 아예 인정하지 않는 말도 없을 것이다.

게다가 가족이 잘못되었을 경우 그 책임은 전적으로 여자에게 떠넘겨진다. 아이의 교육 문제를 엄마가 전담하는 현실이 이를 말해준다. 이는 여자가 비교문화에 젖어 살게 된 또 하나의 근원이기도 하다. 여자는 더 잘난 자식, 더 잘나가는 남편이 있어야만 자기 존재감을 가질 수 있는 사람이 된 것이다. 그러니 옆집에 예민해질 수밖에 없다.

왜 여자들은 굳이 비교 대상을 여자로 한정하는 걸까? 왜 다른 여자의 외모, 다른 여자의 능력, 다른 여자의 돈이 모두 질투의 이유가 되는 걸까? 심리학자들에 따르면 원래 질투는 비슷한 수준일 때 하게 된다고 한다. 예를 들어 나보다 너무나 잘난 재벌에게는 질투가 아니라 동경이거나 부러움을 느낀다. 하지만 나와 별다를 게 없는 내 친구가 가진 비싼 가방에 대해서는 질투가 난다. 우리 여자들은 남자들을 경쟁 상대로 생각하지 않도록 사회적으로 키워졌다. 결론을 말하면 여자의 질투는 어느 면으로 보면 사회적 환경이 만들어놓은 거란 얘기다.

이쯤에서 생각해봐야 할 중요한 질문이 있다.

'과연 이런 비교문화는 단지 여자들만의 것일까?'

그렇지 않다. 언젠가 동네 아파트 놀이터에 잠시 앉아 있는데 벤치에서 이야기 소리가 들렸다.

"우리 큰아들은 대학교수예요. 작은아들은 삼성에서 부장을 하고 있고요. 내가 집이 세 채인데…."

나이 지긋한 할아버지 목소리였다. 고개를 돌려보니 옆에 앉아 계신 할머니에게 자랑을 하는 중이었다. 할아버지의 자랑은 끝이 없어서 곁에서 묵묵히 듣고 있는 할머니가 안됐다는 생각이 들 정도였다.

쓸쓸한 기분을 커피 한 모금으로 달래보는데 이번엔 아이들 몇 명이 몰려왔다. 축구를 하다가 잠시 쉬려는 모양이었다. 한 아이가 콜라를 마시며 말했다.

"아, 학원 가기 싫어. 안 가면 안 되나?"

"그러게. 나도 가기 싫은데."

아이들의 고단함이 이해가 되어 가만히 듣고 있었다. 그런데 학원 가기 싫다는 푸념이 이어질 줄 알았던 내 예상과는 다르게 뜻밖의 내용이 튀어 나왔다.

"야! 근데 너네 집 몇 평이냐?"

"우리 집? 38평."

"에이, 우리 집은 34평인데…. 근데 뭐, 별로 안 부럽다. 4평밖에 안 크네. ○○네 집은 50평이래. 그 정도는 돼야 부럽지."

순간 이게 아이들의 대화인가 싶었다. 할아버지 세대부터 엄마들 세대를 이어 아이들까지 서로를 비교하느라 바쁜 나라. 남한테 꿀리기 싫은, 바꿔 말하면 다른 사람의 시선에서 자유롭지 못한 사람들이 사는 게 우리나라다. 외국의 유명한 아웃도어 브랜드 부사장이 한국에서 물량을 과하게 주문하자 현장 조사를 위해 북한산엘 갔단다. 산에 가자마자 그는 바로 오케이 사인을 했다. 북한산을 오르는 그 많은 사람이 모두 아웃도어룩을 차려입었을 뿐만 아니라 등산화나 스틱을 비롯하여 각종 등산 장비를 제대로 갖추고 있는 모습을 보고 시장성을 인정한 것이다. 지금은 한풀 꺾인 듯하지만, 한땐 캠핑이 유행을 타서 고가의 캠핑 장비를 경쟁적으로 사들이곤 했다. 이웃집 눈치 보느라 허리 펼 날이 없다. 왜 우리는 이렇게 피곤하게 살아야 하는 걸까? 우리의 이런 비교문화는 국민 개개인의 기질 탓에 생겨난 걸까?

아니다. 우리나라 비교문화의 바탕에는 '고상한 가치의 부재'가 있다. 우리나라는 일제 강점기 시절 권력을 누리던 친일의 잔재를 청산하지 못해 독립운동 가문의 '거룩한 정신'을 계승하지 못했다. 얼마 안 가 발발한 한국전쟁은 이런 청산 작업이 더 차질을 빚게 했고, 결국 정치적 혼란이 이어져 군부세력의 독재 체제를 가능하게 했다. 이후부터 우리의 목표는 오로지 '돈'이었다. 가난에서 벗어나는 것이 최대 목표였기 때문이다. 물론 경제 성장은 우리나라른 반전시켰고, 더 많은 사람을 가난에서 벗어나게 해주었다. 하지만 사회는 점점 불평등해졌고, 돈 이외의 가치는 사라지고 말았다.

비교문화는 몰개성과 획일성, 배타성을 동반한다. 나와 다른 사람에 대해서는 이해하고 받아들이고 인정하려 들지 않는다. 모두 같은 옷을 입고, 모두 같은 생각을 말하기를 강요한다. 이런 비교문화 속에서는 여유가 자라지 못한다. 아무도 대놓고 비교문화에서 벗어나야 한다고 강하게 주장하지 않는다. 왜일까? 비교는 경쟁에서 나오는 것이기 때문이다. 아마 비교하지 않는다면 경쟁하지 않을 것이다. 우리나라 사람들의 의식 속에는 비교문화가 경쟁을 부추겨 그나마 이만큼이라도 살게 되었다고 믿는 경향이 있어 보인다. 하지만 이건 동전의 한 면만을 보는 것과 같다. 비교 경쟁이 가져오는 안 좋은 면이 사방에 널려 있는데 말이다.

어떻게 하면 이런 비교문화에서 벗어날 수 있을까? 우리보다 더 심한 경쟁에 놓여 있는 아이들이 어른들을 그대로 보고 답습하는 상황을 어떻게 하면 벗어날 수 있을까? 우리보다는 경쟁이니 비교문화니 하는 것에서 더 벗어나 있는 유럽의 엄마와 아이들에게서 하나의 대안을 찾을 수 있다. 프랑스는 인문학 공부를 체계적으로 시키는 것으로 유명하다. 바칼로레아로 불리는 입시제도는 우리나라의 논술과 비슷하지만, 그 수준이 다르다. 프랑스는 아이들에게 어릴 적부터 철학책을 읽게 한다. 이런 이야기가 돌자 우리나라 엄마들 사이에 아이들에게 철학책을 시리즈로 사주는 것이 유행하기도 했다. 하지만 책만 사주고 그만인 우리나라와 달리 프랑스에서는 청소년이 되어서도 꾸준히 철학 교육을 한다. 물론 학원이 아니라 학교에서 말이다. 프랑스에서는 아이들에게 근본적인 질문을 던진다.

"어떻게 사는 것이 잘 사는 것일까?"

아이들이 자기 자신에게 이런 질문을 하게 하는 것, 이런 질문을 통해 자신의 삶의 가치를 깨닫게 하는 것, 이것이 비교문화를 만들지 않는 배경 아닐까.

우리는 아이들이 스스로에게 어떤 질문을 하게 하는지, 비교문화가 얼마나 개인의 삶의 만족도를 떨어뜨리는지 깊이 깨달아야 한다. 소모적인 비교를 멈추고 세상의 비교에 저항하여 '아모르 파티(Amor Fati)', 자신의 삶을 사랑하자. 이제 모임 같은 데서 자랑질을 하는 여자가 있거든 부러운 시선이 아니라 안타까운 시선을 보내자. 그 여자에게는 자신의 삶이 없다는 증거이니 말이다.

정치가들이
알아서 하겠지

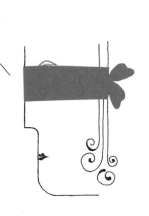

여자들만의 흔한 모임 풍경을 보자. 이야기는 먼저 눈에 보이는 것에서부터 시작된다. 바뀐 헤어스타일에서 옷차림, 화장법 그리고 반드시 빠지지 않는 것이 바로 명품 자랑이다.

"어머! 너 가방 ○○○구나?"

"센스 있네. 금방 알아보는걸?"

"어, 얘들아. 그게 뭔데?"

"넌 아직도 ○○○를 모르니? 요즘 완전 대세잖니!"

그렇게 명품 타령이 한바탕 끝나면, 화제는 누구 남편이 승진을 했다거나 누구네가 해외여행 다녀왔다더라 하는 쪽으로 흘러간다.

어느 결에는 이런 말이 불쑥 나오기도 한다.

"이번 총리 후보 말이야. 인사 청문회에서 또 시끄럽던데, 어떻게들 생각해?"

다들 이게 뭔 소리야 하는 표정이어서 분위기가 잠시 싸해지려 하다가 금세 소란스럽게 얼버무려지고 만다.

"야, 골치 아프게 무슨 정치 얘기니?"

"정치가들이 알아서 하겠지, 뭐."

"그러게, 쟤는 너무 정치적이라니까! 호호호."

여기서 여자에게 던진 '정치적'이라는 수식어는 과연 좋은 의미일까? 아니, 여자에게 정치적이라는 수식어가 붙는 일이 많기는 한가? 사실 여자에게 정치적이라는 말은 낯설기조차 하다. 솔직히 대부분 여자의 관심사에 정치는 포함되지 않는다. 이른바 명품은 관심사에서 한 번도 밀려난 적이 없지만 말이다. 여자들 사이에서 명품 브랜드 이름을 모르거나 로고를 못 알아보면 시대에 뒤떨어진 촌뜨기 취급을 받지만, 정치나 경제 용어를 모른다고 시대감각이 없다는 말은 듣지 않는다.

그래서 여자들만 있는 모여 있는 자리에서는 정치 이야기가 화제에 잘 오르지 않는다. 그러나 남자가 섞여 있거나 남자들의 수가 많은 경우라면 정치 이야기가 몇 번은 등장하기 마련이다. 정치가 화제에 오르면 여자들은 몇 마디 거들기는 하기만 시안을 꿰뚫고 있을 만큼 관심 있는 여자는 많지 않다. 이런 현상을 여자들의 성향 탓이라고 말하기도 하는데, 그보다는 역사적으로 여자가 정치에서 배제되어왔기 때문일 확률이 더 높다.

존 그레이의 《화성에서 온 남자, 금성에서 온 여자》는 한때 남녀 관계의 바이블처럼 여겨졌지만, 이를 반박하는 연구 결과가 얼마 전 세상에 알려졌다. 그 책의 요지는 여자와 남자는 뇌가 달라서 근본적으로 어떤 상황을 받아들이고 생각하는 메커니즘이 다르다는 것이었다. 물론 서로의 다름을 인정하고 적절하게 대응하여 관계를 좋게 유지해야 한다는 저자의 의도는 신선하고 스마트해서 인기를 끌었다. 그렇지만 남녀의 차이는 그가 주장한 것처럼 생물학적 요인이 아니라 사회적 요인이라는 것이 최근에 새로이 밝혀졌다. 사회적으로 어떻게 길러졌느냐에 따라 여자와 남자의 뇌가 달라진다는 것이다. 연구 결과가 일리 있어 보이는 건 내 주변만 해도 지극히 남성적으로 생각하고 행동하는 여자친구들이 적지 않기 때문이다. 대개 그런 친구들은 어린 시절 부모들의 기대가 남달라서 흔히 남자에게 거는 기대를 받고 자랐다. 그게 아니면 그녀들의 가정 상황이 자신이 가장 역할을 해야 하거나 집안을 책임져야 하는 경우였다. 이런 환경에 놓인 여자들은 흔히 생각하는 여성으로서의 특징은 별로 보이지 않았다.

결국 여자와 남자라는 특성은 사회라는 틀에서 만들어진다는 데에 더 무게가 실린다. 여자들은 살면서 정치 이야기를 할 때보다는 예쁜 옷에 잘 꾸며진 모습일 때 찬사나 관심을 받아왔다. 그래서 살아남기 위해서는 이것이 더 필요하다는 사실을 자연스럽게 깨닫게 되었던 것이다. 이런 과정에서 여자에게 정치성이란 선택의 문제이지 필수가 아니었다. 여자에게 정치성은 아주 오래전부터 터부시되어왔다. 정치 참여 면에서도 여자들은 철저히 배제되어왔다.

세계적으로 봐도 여자가 선거권을 가진 것은 불과 100년 정도밖에 안 되었다. 한국은 더 늦어서 1948년 대한민국 정부가 수립되면서 헌법에서 여성의 참정권을 인정했다. 20세기가 아닌 19세기 말에 여성의 참정권을 인정한 것은 미국도 아니고 유럽 어느 나라도 아닌 뉴질랜드다. 예상외로 유럽에서조차 여성이 선거에 참여하게 된 것은 1900년대 중반을 넘어선 경우가 많다.

이런 사실은 여성에게 정치란 단어가 얼마나 멀리 있었는가를 단적으로 말해준다. 그마저도 윗세대의 여성들이 치열하게 투쟁하여 얻어낸 결과다.

그런데 주변을 둘러봐도 여성들이 정치적 이슈에 관심을 가지고 있거나 적극적으로 참여하는 경우는 접하기가 쉽지 않다. 여자들이 드러내는 정치성이란 것 역시 대개는 주위의 남자들이나 대중매체에서 들은 이야기를 반복한 따름인 경우가 많다. 그도 아니면 선거운동에 동원되어 개사된 가요에 맞춰 거리에서 율동을 하는 걸 정치적이라고 여기거나. 아무튼 여자에게 정치란 중요한 일이 아니다. 명품 가방이야 친구나 지인들을 만날 때 들고 나가야 하는 일상이지만 정치는 그렇지 않기 때문이다. 여자에게 더 급한 것은 세상이 바라는 모습대로 맞추어가는 것일지도 모른다. 왜냐하면 그것이 쉽기 때문이고, 실질적으로 생활에 당장 필요한 것이기 때문이다.

하지만 우리는 항상 정치적인 상황에 놓여 있다. 모든 불합리함이나 불편함은 대부분 정치·사회구조가 만들어낸 것이다. 구조적으로 여자들에게 정치보다는 다른 것에 신경을 쓰도록 유도해온 것이다. 하지만 이제는 여자들 스스로 적극적으로 정치성을 가져야 한다. 왜냐하면 정치라는 게 우리와 동떨어진 다른 세상의 일이 아니라 바로 우리 일상이기 때문이다.

우리나라 여성들은 모임이 많다. 동네 언니를 비롯하여 학부모 모임, 하다못해 반 모임까지. 반면 사회적인 차원의 포럼이나 공동체 모임 같은 건 별로 없다. 어디서 세일하는지를 공유하는 사적인 모임도 중요하지만 사회문제를 다루는 정치적인 모임도 만드는 여자가 많아져야 한다. 작게 보면 공동체 모임이지만 이것이 확대되면 정치성을 띨 수도 있다. 방금도 말했듯이 정치는 우리의 일상이고 생활이기 때문이다. 내가 사는 사회의 틀과 체제가 나를 이렇게 살게 하고 있고, 이것이 현재진행형이라는 사실이 피부에 와 닿아야 한다. 그래야 왜 시위를 하는지, 지금 이 사안이 왜 잘못되었는지에 대해 고민하고 판단할 수 있게 된다.

여자가 정치적이지 않은 또 다른 이유는 사회학적 진화론에서 찾아볼 수 있다. 인류학자들에 따르면, 여자가 크게 보는 종합적인 사고능력이 남자보다 뒤지게 된 것은 원시 시대 때부터라고 한다. 여자는 가정을 지키느라 주변을 살피는 능력은 진화했으나 멀리 보는 눈은 얻지 못했고, 반대로 남자들은 사냥을 위해서 멀리 보는 시력과 함께 종합적인 사고능력이 발달했다는 것이다. 그런 이유로 남자가 여자보다 지도를 더 잘 본다고 한다. 하지만 세상은 변했다. 이제 길 찾기는 앱 하나만 내려받으면 된다.

아무튼, 이런 '주변 시야'는 여자들에게 작은 것을 소중하게 여기는 소박함을 주었다. 여자가 '작고 반짝이는 것'을 좋아하는 데는 다 그만한 배경이 있다고 하겠다. 물론 여자들의 이런 섬세한 면이 가지는 엄청난 장점이 있다. 하지만 모든 것은 균형을 이루는 것이 가장 좋다. 작은 것을 소중히 여긴다고 해서 사회구조에 눈을 감아선 안 된다는 말이다. 사회구조 탓으로 생긴 문제들마저 모두 개인의 탓으로 돌려버려 내가 못나서라고 자책하는 건 개인을 지배하는 큰 시스템인 사회구조를 못 보는 탓이다.

이쯤에서 한 가지 의문이 든다. 우리나라 여성의 투표율이 남성과 비교했을 때 결코 낮지가 않은데, 왜 여자들은 일상에서는 정치 이야기를 하지 않을까? 혹시 투표와 정치는 별개의 일이라고 생각하기 때문은 아닐까? 여자에게 투표는 마치 1년에 한 번, 또는 몇 년에 한 번 치르는 행사일 뿐 그 이상도 이하도 아니라는 의미일까? 결국, 투표율이 높다고 정치에 관심이 있다는 뜻은 아닐 수도 있다는 얘기다. 사실 사회에 대한 관심과 안목을 가지고 자기 생각으로 판단하고 투표하는 것이 진정으로 참정권을 행사하는 게 아닐까? 그러니 이제 시사 잡지며 사회문제를 다루는 책들을 다양하게 읽어서 사회구조에 눈을 뜨자. 여성들의 장점을 살려 선거 때라도 정치토론 모임을 만든다면, 좀더 나아가 삼삼오오 모여서 사회문제를 이야기하는 모습이 흔한 풍경이 된다면 여자에게 정치적이라는 수식어는 당연하게 받아들여지게 될 터이다.

힐링은 우리에게
무엇을 남겼나

여자가 남자친구나 여자친구에게 전화를 걸어 속상한 일을 털어놓는 건 누군가 들어주기만 해도 위로가 되기 때문이다. 그런데도 늘 그랬듯이 위로는 근본적인 해결책이 아니다. 뒤집어보면 현실을 바꾸기 어려우니까 위로라도 받고자 하는 거다. 마찬가지로 우리나라에 불어온 힐링의 바람 역시 근본적인 해결책은 아니다.

현실을 바꾸기보다는 그대로 인정하고 그 안에서 마음을 바꾸라는 것이 힐링의 요지다. 언뜻 생각하면 일리가 있는 말 같기도 하다. 어차피 인생은 크게 보면 다 거기서 거기니까. 종교인들은 말할 때 꼭 '크게 보면' 또는 '길게 보면'이라는 단서를 단다. 마치 인생을 통째로 꿰뚫고 있는 것처럼 말이다. 무언가 통찰력 있어 보이는 이 말에 수많은 대중은 고개를 끄덕인다. 특히, 여자는 더 그렇다. 가뜩이나 위로를 좋아하는데 현실의 고단함을 잊기에 이 얼마나 좋은 말인가! 그래서 그런가? 요즘 특정 종교인들의 책이 베스트셀러 목록에서 내려올 줄을 모른다. 하기야 성난 대중을 누그러뜨리기에 이만한 것이 없다고 할 수 있으리라. 그런 면으로 볼 때, 힐링은 대중보다 지배자들이 더 좋아하는 논리다.

예를 들어 건설 일용직 근로자, 흔히 '노가다'라고 부르는 건설 노동자들은 산업재해에 무방비 상태로 노출되어 있는 계층이다. 사고가 끊임없이 일어나며 사망 사고도 많은 편이다. 고용노동부가 발표한 '2013년 산업재해 발생 현황' 중 업종별 사고 사망자 비율에서 건설업은 산업 전체의 47.3%를 차지했다. 안전모 하나에 목숨을 맡긴 채 날마다 운을 시험해야 하는 처지다. 그런데 여기에 대고 현실이 이러니까, 내 팔자가 안 좋아서 그런 거니까 마음을 비우고 다 내려놓으라고 말한다고 해서 진리가, 평화가 보일까? 그보다는 회사를 상대로 투쟁해서 더 안전한 환경에서 일할 수 있도록 보호장치를 따내는 게 옳은 일 아니겠는가? 그렇게 해야만 또 다른 노동자가 사고사할 위험을 막을 수 있을 테고 말이다.

힐링은 도대체 우리에게 무엇을 남기는 걸까? 체념이다. '내려놓음'이라는 그럴듯한 단어로 포장한 포기다. 지배층이 좋아하는 건 현실에 만족하고 납작 엎드릴 줄 아는 대중이다. 사실 내려놓음이란 건 재벌이나 기득권 층이 해야 하는 것 아닌가? 그들이 내려놓아야 부의 평등한 분배가 이루어질 테니 말이다. 하지만 아이러니하게도 힐링 책은 여자들을 비롯하여 부나 권력과는 무관한 이들이 읽고 또 읽었다. 더는 내려놓을 것도 없는 이들이 말이다.

대학에 들어가서 그간의 상식을 깨뜨린 첫 충격은 학생운동에서 받은 게 아니었다. 윤리 교양수업이었는데 교수님께서 이런 말씀을 해주셨다.

"너희도 익히 알고 있는 '침묵은 금이다'라는 격언 있지? 아주 좋은 말로 알려졌지만 여기에는 또 다른 모습이 있어. 옛날에 양반들이 아랫것들을 잘 거느리기 위한 수단으로 이용했다는 점이지. 아랫것들이 무언가를 자꾸 따지고 말을 많이 하는 것은 윗사람들에게 불편한 일이었거든. 이 말은 결국 지배 계급이 쓰던 말이라는 점에서 다르게 해석될 수 있다는 거야."

학교에서 배우던 모든 것은 진리인 줄 알았는데, 그 이면이 있다는 사실은 그야말로 충격이었다. 그렇다, 드러나는 현상이 아니라 이면을 봐야 한다. 힐링 열풍의 이면에는 무엇이 있는지를 말이다.

얼마 전에 우연한 계기로 이십대 청춘들과 자리를 함께하게 되었다. 이십대의 풋풋한 그들에게서 풍기는 열정이 부럽기조차 했다. 그들에게 힐링 책에 대한 생각을 물어봤다. 남학생들은 그냥 따끔

하게 야단치는 책이 아니면 별로라고 대답했는데, 여학생들은 달랐다. 힐링 책은 힘들 때 보면 좋다고 했다. 그건 말하자면 커피 한 잔이나 초콜릿 같은 건지도 모른다. 따지고 보면 힐링은 그 순간의 통증을 잊는 것과 비슷해서 실제 현실에는 아무 도움이 되지 못한다. 정말 죽고 싶을 만큼 힘이 들 때 위로 따위는 아무 소용이 없기 때문이다. 힘들게 하는 그 상황을 바꾸지 않으면 아프고 위로받는 일이 계속 반복될 뿐이다. 문화적인 현상이라고 하는 것들이 알고 보면 우리를 더욱 혼란에 빠트리고 현실을 제대로 보지 못하게 하는 경우가 많다.

힐링과 비슷한 것으로 심리학이 있다. 여성 잡지의 끝자락쯤에는 반드시 심리테스트 코너가 있다. 중학교 다니던 때 봤던 여학생 잡지에도 있었고 지금 접하는 여성 잡지에도 여전히 등장한다. 이렇게 오랜 세월을 잡지에서 빠지지 않는 이유는 당연히 인기가 꾸준하기 때문이다. 여자들은 사람들의 심리에 관심이 많다.

하지만 《심리학에 속지 마라》의 저자 스티브 아얀은 심리 분야는 최근 몇 년 사이에 호황을 누리는 산업이 되었다고 지적한다. 심리학이 보통 사람들에게 지나치게 자신의 '자아'에 대해 이리저리 뜯어보게 하고, 나아가 이를 상업적으로 이용하고 있다고 꼬집은 것이다. 물론 치료 목적으로 필요한 경우도 있긴 하다. 그렇지만 심리학이 일반 대중에까지 파고들면 일상의 피로도가 증가한다.

이제 툭하면 심리검사를 권하는 사회가 됐다. 그러나 심리검사보다 중요한 것은 사람에 대한 이해와 애정, 존중과 배려다. 그 사람이 가지고 있는 심리적인 상태를 진심으로 이해하고 받아들이려는 마음 없이는 심리검사를 아무리 해본들 의미가 없다. 언젠가 본 미국 의학 드라마에서 기질적으로 과하게 명랑하여 충동적이기까지 한 손녀에게 할머니가 이렇게 말했다.

"너의 기질이 나를 닮았구나. 예전에는 조금 이상해도 사람들이 그냥 봐주었지만 요즘은 조금 이상하면 병원에 집어넣더구나. 그러니 애야! 너무 튀지 않도록 조심해라."

심리학은 '불안한 사람'을 양산한다. 이 '불안'은 대표적인 지배자의 도구인 동시에 마케팅의 도구다. 심리학은 불안을 먹고 크는 대부분의 현대 산업 마케팅에 잠식당했다. 보수가 툭하면 들고 나오는 '안보 불안' 카드를 보면 알 수 있지 않은가. 그러니 대중의 불안을 잠재울 '힐링' 또한 당연히 필요했을 것이다. 만약 나에게 불안이 있다면 만들어진 것은 아닌지 한 번쯤 살펴봐야 한다.

여자가 위로를 받는 또 하나로 SNS가 있다. 요즘 음식점을 가면 자주 보게 되는 풍경이 있다. 여기저기서 음식을 앞에 두고 사진 찍기 바쁘다는 거다. 음식점뿐만 아니라 가는 곳마다 사진을 찍어서 바로 카톡이나 카카오스토리에 올린다. 그러고는 지인들이 달아주는 이모티콘을 보며 소박한 행복을 느끼고 마음의 위로를 받는다. 힐링 책이 말하는 것처럼, 이런 소박한 만족이 우리를 풍요롭게 해주는 면은 분명히 있다. 게다가 일상이 소중한 것이라는 데에는 누구도 뭐라 하지 않을 터이다. 하지만 카톡이나 밴드에 의미 없는 이모티콘을 달기 시작하면서 사람 사이의 소통은 어디론가 자꾸 달아나버린다. 누구에게나 한 번쯤은 별로 축하해주고 싶지 않은데도 방긋 웃는 이모티콘을 날려본 경험이 있지 않을까. SNS는 때때로 현대인의 또 다른 가면이 되곤 한다. 이것이 진정한 위로가 될까? 누군가는 말했다. 진짜 위로는 곁에서 그냥 같이 있어주는 거라고. 굳이 손을 잡아주지 않아도 굳이 어깨를 두드려주지 않아도 시간과 공간을 함께하는 것이야말로 최고의 위로다. 마찬가지로 진정한 힐링은 사람과 시간으로 이뤄진다. 한순간 반짝하는 위로에 빠져 진짜 세상을 놓친다면 여전히 힘없는 여자이자 대중일 것이다.

다르게 보면 우리 사회에 힐링이 뜨는 이유는 그만큼 사회가 병들었다는 반증이기도 하다. 그렇다면 병의 근원을 해결해야지 아픔을 달래는 것이 전부일 순 없다. 또, 병은 나았다가도 다시 걸릴 수 있다. 병에 걸리지 않도록 하는 게 최선이며, 병에 걸리지 않으려면 면역을 길러야 한다. 그 면역이 결국은 사회 안전망이다. 어떤 상황에 처해도 숨을 쉴 수 있는 통로가 있어야 한다. 그것이 없는 사회에서 위로가 다 무슨 소용이란 말인가. 돈이 없어 자살하는 사람이 있는 곳에 힐링은 결국 눈 가리고 아웅하는 일일 뿐이다.

힐링이 남긴 것이 사회에 대한 관심을 개인 차원으로 끌어내린 것이어서는 안 된다. 이것은 오히려 진짜 아픔의 근원인 사회를 더욱 뒤틀리게 할 수 있기 때문이다. 사회문제는 개인이 자가 치유를 한다고 해서 해결될 수 있는 것이 아니다. 최근엔 이런 힐링에 대한 반감도 확산되고 있는 듯하다. 그 반감을 대체할 또 다른 힐링이 나타나지 않을까 걱정도 된다. 힐링을 대체할 것은 앞서 말했지만, 사회적인 안전망이자 장치다. 사회구조를 바꾸지 않고는 늘 그랬듯이 공짜 이모티콘이나 기껏해야 어깨를 두드리는 위로밖에 할 수 없다. 그런 위로만으로 사람 목숨을 구할 수 있다면 얼마나 좋을까. 힐링은 우리를 자꾸 순진하게 한다.

개와 고양이, 그리고 여자

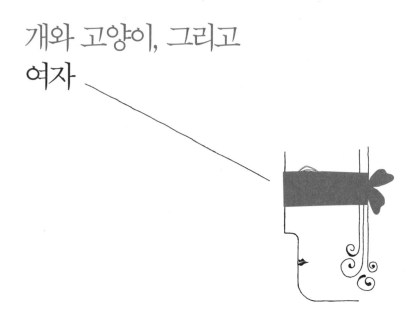

여자들은 대체로 반려동물을 좋아한다. 그야말로 요즘은 반려동물의 천국이라 할 정도인데, 반려동물의 대표주자는 단연 개와 고양이다. 둘 다 사람들의 사랑을 듬뿍 받지만, 각각 특징이 있다. 외로움을 많이 타는 성격이라면 개를 키우라고 전문가들은 조언한다. 개는 애교가 많아서 늘 옆에 와서 치대기 때문이다. 반대로 고양이는 상대적으로 외로움을 덜 타는 사람에게 권한다. 왜냐하면 고양이는 주인이 조금 무심하게 굴어야 다가오는 경향이 있으며, 개에 비하면 애교도 부족하다. 그래서 외로움을 많이 타거나 살가운 성격이라면 고양이와는 맞지 않는다고 말한다.

고양이는 왜 애교가 없을까? 독립적인 기질이어서 사람의 손길에 많이 의존하지 않기 때문이다. 배설물도 스스로 알아서 처리한다. 길바닥에 아무렇게나 놓여 있는 배설물 중에 고양이가 눈 것은 없다. 고양이는 자기 배설물을 반드시 흙이나 모래로 덮어 뒤처리를 한다. 고양이는 사람과 동등한 태도를 보인다. 늘 혼자 있으면서 절대 사람에게 머리를 숙이지 않는다. 그렇지만 개는 사람의 손을 끊임없이 필요로 한다. 혼자 있는 것을 싫어해서 놀아달라고 끊임없이 칭얼대고 애교를 부린다. 개는 사람의 아래에 있을 줄 안다. 물론 반려동물 역시 가족이므로 손이 적게 가건 많이 가건 사랑을 주고 시간 내서 보살펴주어야 한다는 점에서는 같다. 그리고 고양이든 개든 저마다 성격이 있어서 획일적으로 말하기도 어렵다. 독립적인 개도 있고, 애교 많은 고양이도 있다는 얘기다. 다만 지금은 애교에 대해 이야기하기 위해 각각의 특성을 단순화했을 뿐이다.

언젠가 어느 방송에서 외국 여자들은 남자에게 애교를 부리지 않는다는 말을 듣고 약간은 충격이었다. 어쩐지 자존심마저 상하는 기분이었다. 왜 우리나라 여자들은 남자들에게 애교를 부리는 걸까? 애교의 본질을 살펴보면 잘 보이려는 태도다. 그럼 왜 잘 보여야 할까? 불이익을 당하지 않기 위해서이거나 아니면 무언가를 얻기 위해서일 것이다. 남에게 얻어야 할 것이 많은 처지일수록, 별

이익을 당할 위험이 클수록 애교를 부린다는 말이다. 예전에 한 친구가 '더 사랑하는 쪽이 약자'라고 말한 적이 있다. 당시 나는 이십대였고 사랑의 환상을 붙잡고 싶었던 때라 "사랑에 무슨 강자와 약자가 있어?"라고 반문했지만, 살아보니 그 말이 일견 맞다는 것을 인정할 수밖에 없었다. 사랑에도 일종의 권력관계가 존재한다. 사랑뿐만 아니라 사람 사이의 모든 일에는 권력관계가 존재한다. 가만히 들여다보면 남자 중에도 애교가 있는 경우가 있다. 그런 경우 백이면 백, 경제력이든 집안이든 간에 여자가 남자보다 우위에 있다. 애교란 분명 권력관계에서 밀리는 쪽에 속하는 행동유형이다.

〈아내의 자격〉이라는 드라마는 불륜을 미화한다는 비판을 샀지만, 사회와 교육 문제를 꺼내면서 인기를 끌었다. 대사 중에 등장한 '갑과 을, 슈퍼 갑'이라는 단어가 세상을 휩쓸기도 했다. 집을 사준 시댁은 슈퍼 갑이라느니 하면서 이 권력관계는 이미 우리의 일상으로 내려와 있다. 국가나 권력층만이 가지고 있는 것만 권력인 것이 아니다. 이래저래 힘없고 돈 없는 사람들이 살기엔 참 팍팍한 세상이다. 이제는 더 나아가 갑과 을도 모자라 병까지 등장한다. 수직적인 구조가 점점 길어지고 있다.

아무튼 국가나 권력기관이 휘두르는 권력과는 상대가 안 되지만 사람 사이에도 엄연히 권력관계가 존재한다. 그 권력관계에서 힘으로 밀리는, 즉 사회의 수직구조에서 더 아래에 있는 사람들이 하는 것이 애교라는 게 사회학적인 관점이다. 힘 있는 자들이 누군가에게 콧소리를 내면서 친근하게 구는 것을 본 적이 있는가? 결국 애교는 힘없는 자, 을의 전유물이다. 결국 우리나라에서 여자가 남자에게 애교를 잘 부린다는 사실은, 지금까지 여자가 어떤 존재로서 살아왔는가를 보여주는 지표다. 사회에서 여자는 여전히 약자이자 소수다. 알다시피 딸을 낳았어도 울지 않게 된 것은 불과 얼마 전부터의 일이다.

어느 날 강의를 하다가 우리나라에서는 여전히 여자가 약자여서 가기 싫은 노래방에 가서 상사와 블루스를 춰야 한다고 말했다가 반론을 들어야 했다. "가기 싫으면 가지 말았어야 하는 거 아닌가요?" 그러게, 가지 않으면 그만이긴 하다. 그렇지만 우리나라처럼 수직적인 구조를 지닌 사회에서 그렇게 개인의 선택을 존중할 만큼 상사와 직원 사이가 평등하던가? 상사에게 잘 보여야만 사회생활이 조금이라도 편해진다는 불편한 진실은 누구나 알고 있다. 더욱이 요즘 같은 때 책상 빼라는 소리 안 들으려면 더더욱 잘 보여야 한다고 생각하는 사람이 많다. 결국 타인에게 잘 보여야 한다는 강박을 지녔다는 것은 그만큼 우리나라의 사회구조가 수직적이라는 방증이기도 하다.

말콤 글래드웰은 《아웃라이어》에서 1997년 대한항공 여객기 괌추락 사고를 두고 한국의 수직적인 문화가 '완곡어법'을 하도록 하게 했기 때문이라고 주장했다. 조종실 안에서 기장은 부기장의 윗사람이다. 그래서 당시 괌의 기상 상황이 여객기가 착륙하기에 몹시 위험했음에도, 착륙을 시도하는 기장에게 부기장은 경고를 강하게 하지 못했다는 것이다. 우리나라는 어른에게 자기의 주장을 강하게 내세우면 혼나는 문화다. 설령 어른이 어른답지 못해도 대들지 말고 공손하게 대해야 한다. 직장생활에서는 상사가 어른이기에 직설적이 아니라 조심스럽게 에둘러 말해야 한다. 어른을 공경하는 문화에는 좋은 점도 많지만, 윗사람이면 무조건 아랫사람에게 함부로 해도 된다는 잘못된 생각을 불러일으키는 면도 있다. 이것이 사회나 직장의 수직구조와 맞물려 경직된 소통문화를 만들고 있는 건 아닐까?

다른 한편으로, 이런 수직적인 관계는 아랫사람에게 책임에서 자유롭게 하는 부분이 있다. 대한항공 사례에서도 기장에게 모든 책임을 맡겨온 관행이 부기장으로 하여금 판단을 유보하게 했을 가능성도 있다는 것이다. 이런 수직적인 구조가 유지되는 이유 중 하나는 한 사람에게 책임을 지우는 문화 탓도 있다. 흔히 말하는 멋진 리더는 이렇게 말한다. "나한테 모든 책임을 떠넘겨!" 그렇게 책임만 지면 되는데 책임진다는 이유 하나로 아랫사람에게 권위를 내세우니까 문제인 것이다. 책임이 권위를 상징하는 것은 아닌데 말이다. 반면 애교를 부리는 사람들의 마음속에도 책임을 피하고

자 하는 의도가 있는 것은 아닐까? 다른 사람에게 의지하려는 마음에서 애교를 부리는 건 아닌지 각자 점검해볼 일이다.

둘째 아이를 데리러 초등학교에 갔다가 겨우 6학년 정도밖에 안 된 여자아이들이 중학교 교복을 입은 아이들에게 허리를 숙여서 인사하는 것을 봤다. 그것도 "안녕하십니까?" 하는 인사말과 함께. 상당히 충격적이었다. 좋게 생각하면 후배가 선배를 대접하는 것으로 보일지는 모르지만, 정도가 과하다고 여겨졌다. 초등학교에서부터 느껴지는 수직적 구조의 일면이라고 해야 하나? 하긴 우리나라 학교의 수직적 구조는 이미 오래된 이야기다.

그런데 최근 한 일간지에서 조희연 서울시 교육감이 한 고등학교를 방문하는 일정을 잡았다가 방문을 취소했다는 기사를 봤다. 학교 쪽에서 의전 준비를 지나치게 하는 걸 경계해서라고 했다.

"선생님들을 정문에 도열시키지 말고 안내인 한 분만 나오세요. 승용차 문을 열어주지 마세요. 배웅도 멀리 나오지 말고 현장에서 해주세요."

몸을 낮추는 탈권위 행보로 교육 현장의 오랜 권위주의에 변화의 바람을 일으키고 싶다는 메시지다. 그는 학교에 교육감만 떴다 하면 교장과 교감을 비롯하여 교사들이 줄을 서서 맞이하던 관행을 없애겠다고 말했다. 내가 학교 다니던 시절에도 교육감이나 장학사가 오는 날이면 대청소를 했다. 아직도 그대로라니 세상은 쉽게 변하지 않는 듯하다. 학교에서 성적이 떨어졌다는 이유로, 숙제를 안 했다는 이유로 체벌을 가하는 것 역시 내가 학교 다닐 때와 하나도 변하지 않았다.

우리 사회에는 갑을관계가 너무나 많이 존재한다. 가장 작은 단위인 가정에서도 상하관계가 있어서 때로 자존감을 갉아먹는 근원이 되기도 한다. 하물며 가정에서도 그러하니 사회에선 오죽하랴. 경제적인 능력과 힘으로 판단되는 갑을관계에서는 인간으로서의 자존감이란 생각지도 못할 정도다.

2014년 하반기 우리 사회를 뜨겁게 달궜던 아파트 경비원 분신 시도가 그 예다. 인간적 모멸감을 견디지 못해 분신이라는 선택을 했던 그는, 병원으로 옮겨져 화상 치료를 받았으나 한 달 뒤 끝내 유명을 달리하고 말았다. 인간에게 자존감이란 이렇게 목숨을 걸 만큼 중요한 것이다. 그런데 갑을도 모자라 이제 병까지 생겨나는 수직적 사회에서 우리 아이들은 과연 무엇을 배우겠는가?

애교를 부리지 않아도 되는, 관계가 수평적으로 유지되는 사회가 되어야 한다. 애교는 또 다른 자발적 굴종이다. 여자들이여, 애교 부리지 마라! 남자들이여, 여자에게 애교를 바라지 마라! 우리 모두 동등한 입장으로 함께 서야 한다. 애교를 바라지 말고 가사노동이나 적극 분담해라. 통계청이 발표한 세계 주요국 남자들의 가사노동 분담률에서 일본에 이어 최저 수준을 보인 그대들이 아닌

가. 도대체 무슨 염치로 여자들에게 애교를 바라는가? TV에 나오는 정치인들 욕만 하지 말고 그대들이야말로 가정에서 정치인 행세를 그만둬라. 지구상의 모든 인간은 평등하다.

21세기에
사랑이란

언젠가 한 방송에서 작곡가 주영훈 씨가 1990년대 가요의 기본 정서는 슬프고 애잔한 반면 2000년대의 가요는 밝고 거침없다고 말하는 것을 들었다. 그의 말에 절로 고개를 끄덕여졌다. 요즘 가요를 보면 가사가 무척 직설적이다. 요즘엔 절대 감정의 낭비를 하지 않는 듯하다. '가버려', '필요 없어', '꺼져' 등 그야말로 쿨하다 못해 차갑다고 느껴질 정도다. 요즘 세상에 '낭만적인 사랑'이 있기는 한가 싶다. 요즘의 사랑은 헤어진 사람을 잊지 못해 울고불고 하는 것을 촌스럽게 바라본다. 그대가 떠나도 죽어도 아니 눈물 흘릴 태세다. 눈물을 흘리기는커녕 'I don't care(상관없어!)'를 외친다.

그래도 사랑은 있다. 인류가 존재하는 한, 남녀가 존재하는 한, 차가운 사랑이든 뜨거운 사랑이든 사랑은 이어질 것이다. 왜 그럴까? 사랑은 우리에게 좋은 느낌을 주기 때문이다. 사랑을 하면 예뻐진다는 말은 이미 과학적으로도 밝혀진 사실인 만큼 사랑으로 해서 분비되는 호르몬이 우리를 더 활기차고 생기 있게 해주는 건 확실하다. 사랑은 왜 우리에게 좋은 느낌을 줄까?《사랑은 왜 아픈가》의 저자 에바 일루즈는 그 이유를 이렇게 말한다.

"낭만적 사랑은 남의 시선을 매개로 자신의 자화상을 멋지게 꾸며낸다. 남이 바라봐 주는 내가 아름답기만 한 게 바로 사랑의 감정이다."

이 말은 '그 사람'을 사랑한다고 생각하지만 사실은 '나를 사랑하는 상대방'을 사랑한다는 것이다. 일루즈를 비롯한 학자들이 주장하는 것이 사랑의 모든 것은 아니겠지만, 어느 정도 설득력은 있다고 본다. 사랑하는 눈빛으로 '그'를 바라보지만, 어쩌면 그 사람의 눈동자에 비치는 '나'를 사랑하고 있는 건지도 모른다. 사랑이란 게 본래 이렇게 이기적인 것이던가? 사랑이 결국 '나르시시즘'이라는 것은 많은 철학자가 인정하는 바다. 이 나르시시즘은 우리가 날마다 셀카를 찍어대는 이유이기도 하다. 세면대 위에 있는 거울은 나를 있는 그대로 보여주지만 스마트폰에 찍혀 있는 나는 내가 봐도 다른 존재처럼 보인다. 최상의 얼짱 각도를 찾기만 하면 나는 또 다른 내가 되어 나를 만족시킨다. 요즘 스마트폰은 우리를 '뽀샤시하게' 또는 '사랑스럽게', '귀엽게' 등 여러 버전의 새로운 나를, 거울 속의 그저 그런 내가 아닌 진짜 멋진 나를 보여주고 만들어준다. 남자보다 스마트폰과 사랑에 빠졌다고 해도 좋을 만큼이다.

  과학자들은 사랑에 빠졌다는 것이 대단한 일이 아님을 앞다투어 설파하고 있다. 《철학적으로 사랑해》의 저자 올리비아 가잘레는 과학자들은 우리가 사랑에 빠지는 것이 단지 호르몬의 활성화로 일어난 화학적 반응일 뿐이라고 말한다.

> "왜 내 눈에는 이 사람이 특별하고 완벽하게 보이는 걸까? 도파민 수치가 상승했기 때문이다. 왜 나는 줄곧 그 사람만 생각하게 되는 걸까? 세로토닌의 분비량이 변했기 때문이다. 왜 우린 늘 사랑을 나누고 싶은 걸까? 옥시토신이 분비되었기 때문이다. 왜 우리는 포옹을 하거나 담배 한 개를 나눠 피울 때조차 그토록 즐거움을 느끼는 걸까? 우리 대뇌의 신경세포에 맞닿아 있는 부위들이 일종의 내인성 모르핀인 엔드로핀에 푹 적셔졌기 때문이다."

  과학자들은 사랑이 '운명'이라 느낄 만한 과학적 근거는 없다고 주장한다. 하기야 운명론 자체가 과학이 아니니 그걸 증명한다는 것 자체가 말이 안 되는 것이다. 아무튼 21세기를 살아가는 우리에게 사랑은 더는 낭만이 아니다. 보다 현실적인 기준으로 남자를 만나고 결혼을 생각한다. 그렇게 사랑은 결혼을 거쳐 현실의 또 다른 이름이 되어버렸다. 여자가 사랑을 현실로 끌어내리면서 겪는 심리적·정신적 갈등을 '사랑의 성숙'이라는 좋은 단어에 담아보지만, 그래도 어딘가 허전하다 못해 억울하다. 이제 사랑이 더는 낭만적이지 않기 때문이다. 아무리 내 사랑이 멋지다고 항변해봐도 요즘 사람들은 멋진 자동차와 멋진 집에 사는 것을 '사랑의 모든 것'으로 받아들인다.

에바 일루즈는 또 다른 저서 《감정 자본주의》에서 경제와 감정이 서로 교류하므로 경제적 관계들은 상당히 감정적이지만, 연애관계에서는 협상과 교환이라는 정치적·경제적인 것에 더 영향을 받는다고 말한다. 그래서 감정 자본주의하에서의 사적 관계는 육체적이지도 낭만적이지도 않은 경향을 보인다고 주장한다. 자본주의하에서는 경제적인 조건이 삶의 대부분을 조정하기 때문에 '사랑의 도피' 같은 낭만은 이제 바보 같은 짓으로 여겨질 뿐이다. 누가 얼마나 경제적인 우위를 점하고 있는가가 사랑을 측정하는 기준이 되었다. '사이버 러버'라는 말처럼 우리는 육체가 있는 이성이 아니라 사이버상에서의 이성이 우리를 대신하고 있다.

'그럼에도 불구하고….'

이 말이 참 좋다. 적어도 사랑에서만큼은 이 말을 많이 하면 좋겠다. 〈신사의 품격〉이란 드라마에서 서이수가 사랑 때문에 갈등에 빠졌을 때 박민숙이 던진 대사다. 이 한마디에 많은 이들이 고개를 끄덕거린 건 21세기의 자본주의를 살고 있지만, '그럼에도 불구하고' 진정한 사랑을 하고 싶고, 믿고 싶기 때문이 아닐까. 사랑은 인류의 영원한 주제니까 말이다.

나의 경험으로 보건대 사랑은 지나간 유행가 가사처럼 '받는 것이 아닌 주는 것'이었다. 여자가 기대하는 사랑은 핑크빛이겠지만, 사실 사랑은 온갖 다양한 색을 품은 무지개색에 더 가깝다. 남녀의 사랑만이 아니라 부모의 사랑이나 동지애 또한 사랑이니까.

사랑의 스펙트럼을 확 넓히면 태양이 만물에 아낌없이 햇살을 내려주듯이 얼마든지 줄 수 있다. 마땅히 주어야 하는 것이기도 하고 말이다. 이 세상 모든 것이 그렇지만 사랑도 만들어가는 것이다. 처음부터 완전하게 주어지는 사랑은 없다.

《왜 사랑하면 좋은 일이 생길까》의 저자 스티븐 포스트는 주면 더 행복해지고, 더 건강해지고, 더 오래 산다고 주장한다. 굳이 포스트 박사의 말을 빌리지 않아도 우리는 나누는 삶이 사람을 더 건강하고 행복하게 한다는 것을 안다. 우리에게는 함께 살아가야 행복한 유전자가 있다. 이 유전자를 적극 사용하는 것이 사회를 건강하게 하는 지름길이다. 《유쾌한 혁명을 작당하는 공동체 가이드

북》의 저자 세실 앤드류스는 '행복은 타인으로부터 온다'고 전제하고, 이렇게 말한다.

"당신을 행복하게 하는 것은 사회적 유대이다. 공동체가 왜 중요한지 알아야 한다. 공동체가 중요한 이유는 많다. 공동체는 행복의 기본적 욕구인 타인과의 관계를 충족시킨다. 공동체 활동을 통해 우리는 행복감과 안정감, 소속감을 많이 느낄 수 있다. 공공선에 대한 욕구도 충족시킬 수 있다. 또한 공동체를 통해 타인에 대한 관심이 증폭되고 공익의 중요성을 인식하게 된다."

사실 사회를 인식한다는 것은 나와 우리를 인식하는 일이다. 우리나라 여자들은 남편과 아이들이 있는 가정만을 위하는 것을 굳이 이기적이라고 생각하지 않는다. 우리 사회 또한 이런 여자들에 대해 호의적이다. 이기적이라고 손가락질하지 않는다. 이런 분위기에서 나의 가족만을 위해 살지 않을 이유가 없다.

하지만 우리는 다시 생각해봐야 한다. 이런 여자들의 모습이 진짜 이기적인 게 아닐까? 정말로 내 아이만 보호하면 그만인 걸까? 게다가 보호한다고 해서 보호가 될까? 여기서 또 우리는 엄청난 착각을 하고 있다. 모든 것을 개인이 책임질 수 있다고 생각하는, 말도 안 되는 자신감 말이다. 개인이 할 수 있는 것에는 분명히 한계가 있다. 그러므로 사회 공동체가 함께해야 하는 영역 또한 분명히 존재한다. 내 아이라 해서 항상 내 울타리 안에서만 있을 수는 없다. 우리 사회가 안전하지 않고서는 내 아이의 안전을 보장할 수 없다. 우리가 모두 공동체적 운명이라는 것을 잊어버리는 순간 자신이 고립되고 만다. 공동체 의식을 키워야 한다. 사랑의 시작은 남녀가 하는 것이지만, 사랑은 거기에서 머무르지 않는다. 사랑은 남녀에서 자녀에게로 그리고 다른 이들에게로 옮겨가야 한다. 사랑의 개념을 확장해서 사회로 번지게 해야 한다. 더욱 크고 넓은 사랑을 믿어야 한다. 함께 모여 사는 세상으로 점점 넓혀가는 것이 21세기의 진정한 사랑이 아닐까.

여자의 적은
여자라고?

학교에서 돌아온 아이가 볼멘소리로 말했다.

"엄마! 너무 짜증 나요!"

이게 무슨 소린가 싶어 왜 그러느냐고 물었더니 짝이 된 여자아이가 자꾸 툭툭 친다는 거였다. 그래서 물었다.

"근데 가만히 있었어?"

내 말을 듣자마자 아이는 입을 더 내밀고 큰 소리로 말했다.

"여자애들 때리면 엄청나게 혼난단 말이에요!"

"그렇구나. 하긴 약한 애들을 상대로 힘을 쓰면 안 되지."

그러자 아이는 어이없다는 듯이 말했다.

"헐! 걔네가 얼마나 힘이 센데요!".

아이의 억울해하는 소리에 나도 모르게 웃음이 나왔지만, 아이도 크면 알게 될 것이다. 여자애들은 초등학교 때까지만 힘이 세다는 것을. 물론 내 아이가 어른이 되었을 때쯤엔 우리 사회에 양성평등이 이루어져 있기를 기대하지만, 지금 봐서는 그런 시간이 쉽게 오지는 않을 것 같다.

여성차별은 전 세계적인 현상이자 사회구조와 맞물려 존재하는 아주 오래되고 무너뜨리기 어려운 견고한 성이기 때문이다. 게다가 신자유주의하에서 팍팍해진 세상은 대부분의 남자도 자신들이 유리한 위치에 있다고 생각하지 못하게 한다. 신자유주의가 가져온 불평등은 이제 어느 한쪽의 권리만을 내세우기 어려운 상황이 되어버린 느낌이다. 한때 대중에게까지 주목받던 페미니즘이 점점 사람들의 관심에서 밀려나고 있고, 숙명여대와 서울여대를 비롯하여 몇몇 학교가 여성학과를 폐지한다는 현실은 여성만을 위한 이야기가 더는 중요하지 않게 들린다는 뜻이기도 하다. 이제 페미니즘에 대해 관심을 가지는 여성도 얼마 되지 않는다. 그보다는 더 현실적인 자기계발에 더 많은 관심을 보이고 있다.

그렇다고 이런 현실을 무조건 여성들 개인의 탓으로 돌릴 수는 없다. 사실 페미니즘이 여성들의 관심에서 멀어지게 된 이유는 여성운동이 보여준 한계에서도 찾을 수 있다. 여성운동은 여러 가지

비난 섞인 비판을 듣고 있다. 그중 하나가 여성운동은 이른바 좀 배운 여자나 고생이라곤 모르는 상위 계층의 여자가 모여서 하는, 그야말로 위에서만 그친 운동이라는 지적이다.

다른 건 몰라도 모든 층의 여성들에게 다가간 운동이 아니었다는 지적은 일리 있어 보인다. 나 또한 대학에 들어가서야 여성학 강의를 들었고, 여성학 강의를 듣고 나서야 사회에서 여성이 가지는 위치에 대해 고민할 수 있었다. 아마 여성운동이 이 땅의 평범한 여성들에게까지 흘러들었다면, 지극히 평범한 나의 어머니에게서나 이웃 아주머니에게서도 그런 이야기를 들었어야 하지 않을까. 페미니즘이 일반 대중의 평범한 여성에게 다가서야 함은 당연해 보인다.

페미니즘은 가부장제를 없애기 위한 여성 사회운동이다. 이 가부장제는 자본주의와 결탁하여 여성의 가사노동을 '무료 서비스'로 만들었다. 우리나라도 불과 얼마 전까지는 이혼을 할 때 여성에게 경제적인 권리가 인정되지 않았다. 독일 사회학자 마리아 미즈 교수는 《가부장제와 자본주의》에서 자본주의는 가부장제 없이 작동하지 않는다고 주장했다. 가부장제가 눈에 보이는 자본주의 체제의 보이지 않는 배경을 이루고 있다는 것이다. 여성의 권리가 경제적인 면과 밀접한 관련이 있는 지금의 상황을 보면 가부장제와 자본주의가 얼마나 긴밀하게 연결되어 유지되어왔는지를 알게 된다.

우리나라뿐만 아니라 전 세계적으로 여성이 지배 계급의 엘리트가 되기란 일부 극소수를 제외하고는 남성에 비해 훨씬 어렵다. 여성 차별은 우리 앞에 놓인 엄연한 현실이다.

가부장제와 결탁한 자본주의하에서 가장 두드러지는 여성차별은 바로 임금이다. 우리나라 남녀 임금 차별은 OECD 국가 중에서 가장 심하다. 2013년 통계청 발표에 따르면 우리나라 여성 임금은 남성의 68%밖에 되지 않는다. 세계적으로 봐도 여성의 임금이 남성의 78%밖에 되지 않는다.

남녀의 임금 차별은 세계적으로 이루어지고 있는 공통적인 현상이다. 임금 차별의 주된 원인이 되는 것은 임신과 육아다. 왜 페미니즘에서 임신과 육아로부터의 해방이야말로 진정한 여성 해방이라고 하는지 알 만하다. 타고난 생물학적인 차이가 사회적인 차별로 이어지는 셈이다.

이런 현실에서 가장 듣기 싫은 말이 '여자의 적은 여자'라는 말이다. 안타깝게도 이 말에 고개를 끄덕이게 되는 상황은 현실에서 생각보다 자주 마주하게 된다. 좁게는 가정에서부터 넓게는 사회까지, 여자에게 너그럽지 못한 여자가 무척 많다. 하지만 그 근원에는 여자가 같은 여자를 경쟁자로 여기게 하는 사회구조가 있다.

여자는 오래전부터 권력의 꼭대기가 아니었다. 대부분 권력의 꼭대기에 있는 남성의 옆에 있었을 뿐이다. 그러다 보니 여성들에게 자신의 위치를 흔드는 건 같은 여자인 경우가 더 많았다. 그래서인지 여자는 자기 남자에게 보내는 눈길만으로도 앞에 있는 여자를 적으로 두어야 하는지 그렇지 않아도 되는지를 본능적으로 안다. 반대로 남자는 여자에 대해서 본능적인 경계심이 없다. 예를 들어, 연말 모임에 부부동반으로 가서 알게 된 여자들과 기분 좋게 대화를 나눈 남편은 집으로 돌아오는 길에 아내가 왜 난데없이 추궁을 하는지 이유를 전혀 모른다. 남자에게 여자는 그냥 호감을 가지면 되는 존재일 뿐이니까. 여자에게 지위나 돈을 빼앗겨본 적이 없는 남자들에게 여자는 적이 아니다.

우리는 '여자의 적은 여자'라는 말에 깔린 여성들의 역사를 읽어내야 한다. 그리고 그것이 우리 스스로에게 얼마나 많은 단점으로 작용했는지도 깨달아야 한다. 모든 차별이 그렇지만 여성차별 역시 힘이 한쪽에만 부여되었기 때문이다. 여기서도 중요한 건 모든 변화는 언제나 그 주체들로부터 시작됐다는 점이다. 여성들의 변화는 여성들이 주도해왔다.

2104년, 파키스탄의 열일곱 살 소녀 말랄라 유사프자이가 노벨평화상을 받았다. 이 소녀는 텔레반이 여성의 교육을 금지한 것을 두고 소녀들도 공부를 해야 한다며 '가난한 소녀 학교 보내기' 등 인권운동을 벌였다. 그녀는 지금도 텔레반의 살해 위협에 시달리고 있다 한다. 그 소녀가 존재한다는 것은 21세기인 지금에도 여성의 차별이 지속되고 있다는 증거이자, 여성 문제의 변화를 주도하는 건 역시 여성이어야 한다는 것을 동시에 보여준다. 아직도 세계 곳곳에는 여성차별이 만연해 있는데, 끔찍할 정도로 터무니없고 잔인하기까지 하다. 아프리카 일부에서 행해지는 여성 할례나 조혼 등은 여성차별을 넘어 학대라고 봐야 한다.

특히 아랍권에서 여성차별이 심한데, 그중에서도 사우디아라비아는 2015년이 되어서야 여성들에게 참정권을 부여했다. 하지만 아직까지도 여성의 운전이 금지된 유일한 나라다. 아랍의 여러 나라에서 여성의 인권은 아주 위태롭다. 이처럼 세계 곳곳에서 여성의 인권이 사각지대에 놓여 있지만, 어느 한 가지 때문이라고 규정하기 어려울 만큼 여러 가지 요인이 복잡하게 얽혀 있다. 종교와 역사 그리고 경제 체제와 불평등한 분배에 이르기까지 분명 많은 것이 잘못되어 있다. 그러므로 해법은 근본적인 사회구조의 변화에서부터 찾아야 한다. 이것이 우리가 사회구조를 들여다봐야 하는 이유이자 페미니즘에 관해 관심을 끊으면 안 되는 이유이기도 하다. 아직도 세상은 여자들에게 더 위험하고 더 불공평한 게 사실이다. 그리고 그보다 먼저 지금의 페미니즘도 변화가 필요해 보인다.

그 작은 대안의 하나로 여성주의 저널 〈일다〉 블로그에 실린 농민 운동가 임봉재 씨의 말을 새겨볼 필요가 있다.

"여성에게 집중한 이유는 농민의 50%인 그들이 생산주체로 인정받지 못하고 도리어 소외되기도 했기 때문이에요. 그러나 이것은 여성만의 일은 아니죠. 누구나 언제든 이런 대우를 받게 될 수 있어요. 그래서 저는 지난 30년의 활동을 '인간화 운동'이라고 말하고 싶어요."

페미니즘을 넘어서 모두 같은 인간이라는 중요한 사실을 먼저 생각해야 한다. 어쩌면 이것이 앞으로 페미니즘이 나아가야 할 길이 아닐까.

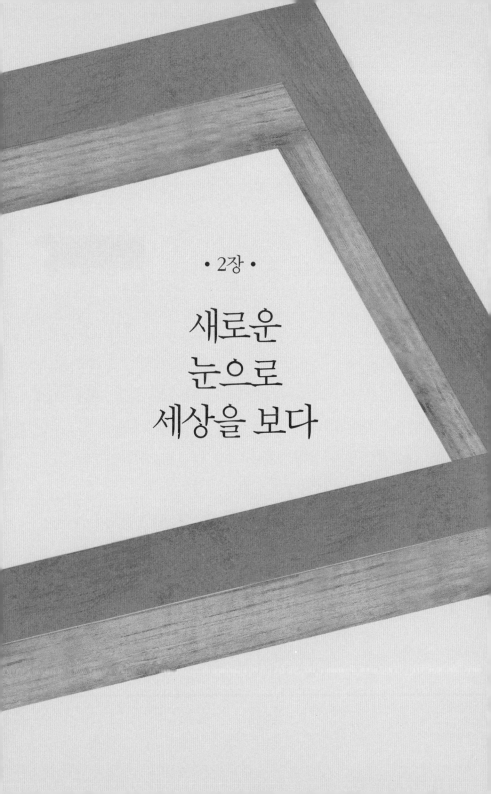

• 2장 •

새로운
눈으로
세상을 보다

나는 진보여야 했다

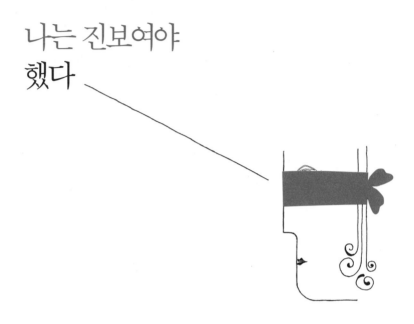

초등학교 5학년인 작은아이가 어느 날 갑자기 물었다.

"엄마, 진보란 말이 뭐예요?"

"응? 뭐라고? 근데… 그런 말은 어디서 들었어?"

아이의 뜻밖의 질문에 잠시 당황스러워서 되물어 봤다.

"엄마 책상 위에 있는 책에서 봤어요."

"그랬구나. 음…, 그러니까 진보는 지금보다 더 나은 세상이 되었으면 하고 변화를 실천하는 사람들을 말하는 거야."

아이는 잠시 조용하더니 이내 다시 물었다.

"그럼 지금 우리가 사는 세상이 잘못되었다는 말이에요?"

"글세…, 고쳐야 할 것들이 아주 많긴 하지."

아이는 대뜸 물었다.

"그럼 엄마는 진보예요?"

"응, 맞아. 예전엔 아니었는데 세상 공부를 하고 보니 저절로 그렇게 되더라."

도청 소재지라고는 하지만 정치적으로나 경제적으로나 소외된 작은 지방 도시에서 자랐다. 그 작은 곳에서도 달동네라 불리는 곳이 우리 동네였다. 주머니에는 동전조차 딸랑거리지 않는 날이 많았다. 그렇게 가난한 집 막내로 자라면서 '우린 왜 이렇게 가난한 거냐고!' 하며 따지는 법조차 배우지 못했다. 그저 가난이라는 것은 마냥 못나고 부끄러운 거였다. 지금 생각해보면 더 부끄러워해야 했던 건 그런 가난을 부끄러워하는 나 자신이었다. 하지만 그때는 그런 생각을 하지 못했다. 가난이 부끄러운 게 아니라고 말해주는 사람이 아무도 없었다. 오히려 내가 만나는 모든 상황이 가난을 부끄럽게 했다. 그러면서 이건 어쩔 수 없는 운명이고, 현실이라고 받아들였다.

이런 생각은 이십대 중반이 되어서도 크게 변하지 않았다. 변한 게 있다면, 가난하지 않은 것처럼 꾸미는 거였다. 주위를 둘러보니 나와 같은 사람들이 참 많았다. 명품 짝퉁 가방은 들고, 이무른 가

꾸고, 차를 몰면서 집 밖으로 나서면 가난과 거리가 멀어진다고 믿고 싶었던 사람들. 그런 사람들은 시간이 아무리 흘러도 내 곁에 넘쳤다. 나 또한 그들과 비슷하게 살았다. 조금이라도 앞으로 나가는 것을 미덕으로 여겼고, 자랑스러워하기까지 했다. 경쟁의 시대에 발맞추어 걷다 보니 세상은 열심히 사는 자의 것이라는 말이 진실처럼 여겨지기도 했다. 가난을 개인의 탓으로 돌리는 세상에서, 무엇이 잘못되었는지도 모르는 채 그저 고개를 숙이고 사는 것이 습관이 되어버린 가난한 사람들과 언제나 함께였다.

그런데도 나는 진보주의자가 아니었다. 어디서 주워들은 대로 '중도의 어디쯤'이 나의 포지션이라고 생각했다. 진보가 무엇인지 보수가 무엇인지 몰랐고, 그러므로 당연히 중도가 무엇인지 알 턱이 없었던 나는 내 멋대로 그렇게 내 위치를 정했다. 이런 나도 한때는 김대중 정권 때나 노무현 정권 때는 내가 투표한 사람이 대통령이 되었고, 대학 때 늘 듣던 민주화가 실현되었으니 세상은 더 좋아질 거라 믿기도 했다. 하지만 세상은 10년 만에 좋아지기에는 너무나 완강한 벽이었고, 삶이 나아졌다는 실감을 구체적으로 할 수가 없었다. 그래도 세상을 탓하기보다는 내가 못나서 그런 것이거나 운이 나빠서 그런 거라고 생각했다. 더 열심히 살아야 했고, 내가 게으른 탓이니 더 자기계발에 매진해야 했다. 물론 나름의 성과는 있었다. 책을 내고 글쓰기 강의를 하게 됐으니 경제적·정신

적으로 조금은 더 '성장'했다고 자신을 대견해하기도 하고 칭찬도
했더랬다.

하지만 아이들이 커가고 교육 문제에 직접적으로 부딪히자 세상
에 대한 불안감은 높아져만 갔다. 이 세상은 경제력이 아주 좋아야
만 살 만한 곳이라는 명백한 사실은 때로 무력감을 느끼게 했다.
그런 생각이 들수록 오랜 시간 고민하던 것들에 대한 궁금증이 커
져갔다. 그러던 중 사회과학 도서들을 새롭게 읽으면서 내가 세상
을 너무 모르고 있었다는 사실을 깨달았다. 내가 알고 있다고 생각
한 것들은 겨우 세상의 절반이었던 것이다. 그동안 관심 두지 않았
던 세상의 또 다른 절반은 이게 사실인가 싶을 정도였다. 역시 안
다는 것이 얼마나 중요한가를 절감했다. 나야말로 진짜 바보였고,
벽창호였다. 이런 내가 '중도의 어디쯤'이라고 생각하고 살았다니
정말 웃긴 일이었다.

진보와 보수를 가르는 경계조차 몰랐으니 그렇게 생각한 것도 무
리가 아니었으리라. '이쪽 편도 아니고 저쪽 편도 아니니 중도지,
뭐' 하는 식이었으니까. 자칭 진보입네 하는 사람들이 도대체 진짜
진보적인지도 모르겠고, 진보의 의미가 피부에 와 닿지도 않았다.
나뿐만이 아니라 많은 사람이 정치적 민주화를 실현한 정치 진보
주의자들을 보고 진보의 모든 것이라고 생각했을 것이다.

우리 시대의 진보와 보수는 더는 정치적인 관점으로 나눠지지 않

는다. 자신을 좌파라 부르는 김규항 씨의 말대로 '가짜 진보'가 너무 많고, 'B급 좌파', '강남 좌파'가 주장하는 진보는 힘없고 가난한 이 땅 대부분의 사람을 위한 진보가 아니다. 보수라고 주장하는 사람 중에서도 과거 일제에 부역했거나 그 일을 반성 한 번 한 적 없이 물려받은 유산으로 떵떵거리고 사는 후손들이 부지기수다. 군부 독재 시절에는 권력에 충성하느라 민주주의를 짓밟았던 자들 역시 보수라 자처한다. 그러고는 진보가 득세하면 대한민국이 금세라도 북한에 먹히기라고 할 것처럼 선동하고는 자기들 주머니 채우기에만 바쁘다. 지금 보수를 자처하는 사람 중에 진정한 보수, 도덕적인 보수가 얼마나 있을까. 그런 이유로 이제 진보와 보수를 가르는 새로운 기준을 세워야 한다.

지금 우리는 1% 대 99%의 세상을 살고 있다. 모든 부가 1%에 집중되어 있는 사회다. 가진 자와 못 가진 자로 극명하게 나누어져 있으며 불평등이 아주 극심하다. 최상위 부자들이 나보다 얼마나 더 가졌는지를 가늠하기조차 어려울 지경이다. 이런 세상에서 단지 정치적·형식적 민주화를 잣대로 진보와 보수를 나눌 수 있을까? 이런 불평등의 수치를 보고도 '나는 보수'라고 말한다면 당신은 엄청난 부자이거나 아니면 엄청난 바보이거나 둘 중 하나일 것이다. 이제는 경제적 민주화와 평화라는 관점에서 진보와 보수를 나누어야 한다.

진보에 해당하는 영어 단어에는 'progress'와 'advance'가 있다. 모두 '앞으로 나아가는 것'을 의미한다. 정치적 측면에서 'conservative(보수)'에 대비되는 단어로 'liberal'이 있는데 인습에 얽매이지 않고 개방적이며 자유로움을 뜻한다. 즉, 진보란 지금과는 다른 새로운 변화를 말하는 사람들이다. 사실 지금과 같은 세상이 유지되길 바라는 사람이 몇 명이나 있겠는가? 극소수의 사람을 제외하고는 대부분이 진보주의자여야 맞다. 그런 이유로 나 또한 진즉에 진보주의주자여야 했다. 상위 몇 프로에 들기 위해 무한 경쟁 속에 뛰어들 것이 아니라 세상이 올바르게 변해야 한다고 연대하고 요구해야 했다. 하지만 나를 비롯하여 많은 사람이 자신을 중도라고 지칭하며 사회문제에서 발을 뺀다. 그러는 이유 중 하나는 '불편한 진실'을 몰라서다. 알고 싶어 하지 않아서라기보다는 우리도 모르는 사이에 그렇게 되었다는 게 사실 더 무서운 일이다. 마이클 샌델 교수도 1980년대 이후 신자유주의가 세상의 저울추를 완전히 기울게 했는데도 사람들은 전혀 눈치채지 못했다며, 그 때문에 신자유주의를 '조용한 혁명'이라 한다고 했다.

우리는 자본주의가 디밀어준 달콤한 설탕에 이빨이 썩는 줄도 몰랐던 것이다. 그러기에 겨우 밥이나 먹고 사는 노인들뿐 아니라 젊은이들도 보수의 편에 선다.

그들이 부자와 가난한 자 사이에 얼마나 엄청난 차이가 있는지,

노동자들이 생산해낸 부가 얼마나 불평등하게 분배되고 있는지, 얼마나 많은 노동자가 어이없이 죽어가고 있는지를 안다면 그래도 보수의 편에 설까? 우리는 진실을 몰라서 보수의 손을 들어준다.

그렇다고 편을 가르자는 건 아니다. 그저 현실을 냉정하게 살펴보자는 것이다. 지금 나의 위치가 어디인지를 말이다. 우리는 대부분 같은 위치에 속한다. 이 책의 독자 열 명 중 아홉 명은, 이 책을 쓰고 있는 나와 같은 위치에 속한다고 장담할 수 잇다. 자신의 위치를 인정하고 착각을 멈추는 순간 진보는 늘어날 것이다. 그러다 보면 지금보다 더 많은 사람이 지금과는 다른 세상을 위해 행동하게 될 것이다.

모든 것이 상품이 된
시장사회

예전에 '여자라서 행복해요'라는 가전제품 광고 카피가 있었다. 당시 잘나간다는 여자 연예인들이 냉장고 옆에 붙어 서서는 '이래도 안 부러워?' 하는 표정으로 웃음 짓던 광고. 광고 속 그녀들을 보며 '나도 여자라서 행복해'라고 느낀 여자가 과연 얼마나 있었을까? 광고를 보는 즉시 달려가 비싼 냉장고를 살 수 있었던 여자들은 아마 그랬는지도 모르겠다. 냉장고를 고르면서 마치 자신이 TV에 나오는 모델이 된 것처럼 잠시나마 우월감을 느꼈을 터이다. 그런데 그때 냉장고를 샀던 여자들은 계속 행복했을까? 아마 그러기는 힘들었을 것이다. 더 좋은 냉장고가 새로 나오는 즉시 우월감이나 행복감이 낮아졌을 테니 말이다. 욕망은 화수분에 담긴 것처럼 퍼내고 또 퍼내도 여전히 남아 있다. 그것이 지금 우리가 사는 소비사회다.

"나에게 주인은 오직 돈이었다."

어떤 드라마에서 나온 대사다. 꽤 인상적이기도 했지만 이보다 더 지금의 사회를 말해주는 것도 없지 싶다. 이 말에 진심으로 강하게 부정할 수 있는 사람이 과연 몇이나 될까? 겉으로는 혀를 차면서도 실생활에서는 이 말에 딱 들어맞게 살아가는 것이 대부분의 현대인이다. 왜냐하면, 지금 우리가 살아가는 사회는 모든 것을 사고팔 수 있는 '시장사회'이기 때문이다.

누군가는 말한다. 돈에 미쳐가는 세상이라고. 어느덧 이혼 사유 1위도 '돈'이 차지했고, 결혼 조건 1위도 '돈'이 차지했다. 지금을 살아가는 우리에게 돈은 새로운 신이다. 한때 존경받던 대형 교회 목사가 하느님보다 돈을 더 섬겼다는 사실이 널리 알려진 지금 더는 종교도 없고, 믿음도 없다. 모든 것을 돈으로 살 수 있게 된 세상에서 우리는 돈으로부터 무엇을 지켜낼 수 있을까? 무엇보다 이런 질문 자체를 하지 않는다는 사실이 더 큰 문제다.

마이클 샌델 교수가 〈TED〉에서 '왜 시민 생활에서 시장을 신뢰하면 안 되는가?'라는 제목으로 강연을 했다. 그가 《돈으로 살 수 없는 것들》에서 주장했듯이, 오늘날 돈으로 살 수 없는 것이 없는

데 이것이 과연 옳은가에 대한 질문을 던졌다. 그는 시장경제가 아니라 시장사회로 변화해가면서 교환되는 유형의 재화(TV나 차와 같은 무생물)는 변하지 않았지만 무형의 재화(질서나 도덕과 같은 가치)는 변질했다고 말했다. 이런 사회가 가장 먼저 낳은 것이 불평등이다. 문제는 소수의 사람만이 요트를 사거나 큰 저택을 갖는 불평등이 아니라 우리 생활에 필요한 작은 것에까지 불평등이 생기는 것이라고 그는 말한다. 가난한 사람이 마땅히 받아야 할 의료 서비스나 공중도덕에서도 불평등이 생겼다고 말이다. 예를 들어 콘서트를 관람한다고 할 때 돈을 더 낼 수 있는 사람은 더 좋은 좌석을 사서 지체 없이 입장할 수 있다. 그럴 형편이 안 되는 사람들이 일반석 표를 구하기 위해 길게 줄을 서서 기다리는 동안 말이다. 돈이 새치기를 정당화한 것이다.

시장사회가 가져오는 또 다른 것은 '가치'의 변질이다. 우리가 중요하게 여기는 사람 사이의 신뢰나 사랑 또는 독서의 가치 등 눈에 보이지는 않지만 인간 사회를 유지하는 좋은 가치들마저 변질했다고 말한다. 샌델 교수는 그 예로 독서에 현금 인센티브를 적용한 일을 들었다. 미국의 주요 도시 초등학교들에서 학생들에게 책을 읽으면 권수에 따라 현금을 지급하는 실험을 했다. 이렇게 함으로써 책 읽는 즐거움을 알게 하여 독서 습관을 기르려는 것이었겠지만, 결과는 완전 딴판이었다. 학생들은 더 많은 책을 읽기는 했으나, 완전히 다른 동기에서 그렇게 했다. 즉, 배움의 기쁨에 의해서가 아니라 돈벌이의 하나로 여긴 것이다!

　무엇보다 '가치'는 절대 돈으로 사고팔 수 없어야 한다. 가치의 상실은 사람들의 정체성을 흔든다. 정체성의 상실은 곧 인간성의 상실로 이어지고, 세상은 험악해지기 마련이다. 어느 것이 옳은 것인지 점점 더 알 수가 없어진다. 옳지 않은 일들이 일어나도 사람들은 분노하지도 못하게 된다. 이리저리 흔들리다 그만 현실에 주저앉고 만다.

　이 두 가지보다 더 중요한 것은 바로 '공공성의 상실'이다. 돈으로 모든 것을 사고파는 시장사회는 극심한 양극화를 초래하고 공공성을 상실한다. 부자들은 부자들의 세계에서, 가난한 자들은 또 자신들만의 세계에서 따로 존재한다.

　영국 소설가 허버트 조지 웰스의 소설 《타임머신》에는 미래 세계의 모습이 그려진다. 지상에 사는 귀족 계급과 그 세계에 합류되지 못한 지하 세계의 하등 계급이 있다. 하등 계급은 인간의 모습을 갖추지도 못하고 지상의 인간들을 부양하는 존재들이다. 하지만 소설의 후반부에 가면 반전이 등장한다. 지하 세계의 하등 계급이 알고 보니 지상의 귀족 인간을 잡아먹는 존재들이었던 것. 말하자면 귀족들이 하등 계급의 식량이었던 것이다. 물론 가상의 이야기일 뿐 우리의 미래가 그렇게 되진 않으리라고 본다. 그런데

19세기 말에 쓴 소설임에도 지금의 양극화와 놀랍도록 닮아 있지 않은가?

이런 극도로 양극화된 시장사회에서 사람들은 점점 강퍅해지고 불행해진다. 알랭 드 보통은 《불안》에서 평등의 개념이 전파되면서 부와 능력을 갖지 못한 사람들은 자신의 무능함을 자책해야 하는 덤을 얻었다고 말했다. 그는 현상을 제대로 집어내 비판하긴 했지만, 아쉽게도 그것이 어디서 기인했는지 이야기하지 않을뿐더러 가난이라는 것이 부끄러워할 일이 아니라는 주장도 하지 않는다. 무엇이 옳은 것인가에 대한 해답 역시 제시하지 않는다. 철학자답게 그냥 그런 현상에 대한 통찰을 할 뿐이다. 이런 시니컬한 태도가 어쩌면 진보나 좌파라 자처하는 사람들을 시대에 뒤떨어졌다고 여기게 하는지도 모른다. 지식인들이 대중을 오히려 소극적으로 만들어서는 안 된다. 우리가 사는 세상을 제대로 직시하고 그 안에서 변화의 가능성을 말하는 것이 그들이 해야 할 일이다. 신자유주의에 발맞추어 경쟁에서 살아남는 법을 논하기보다는 이제 무엇을 해야 하는지, 어떤 역할을 해야 하는지에 대해 진지하게 고민하는 지식인이 더 많아져야 한다.

그런 면에서 마이클 샌델 교수는 세상에 대해서만큼은 정확하게 말해주고 있다.

"민주주의는 완벽한 평등을 요구하지는 않지만, 민주주의가 요구하는 것은 사람들이 보편적인 삶을 공유하는 것이다."

샌델 교수는 부자와 가난한 자들이 일상에서 서로 부대껴야만 서로의 차이에 대해 수용하고 타협하게 된다고 강조한다. 그런데 이런 멋진 주장을 하는 교수가 있는데도 미국은 대체 왜 그 모양일까? 이미 잘 알려졌듯이 미국은 의료민영화 때문에 가난한 사람들이 기본적인 치료조차 받지 못하고 있다. 간단한 치주염을 치료하지 못해 사망한 흑인 아이 이야기가 세계를 경악하게 하지 않았던가. 버락 오바마 미 대통령이 의료개혁을 추진하기 위해 의회에 상정했으나 결국 부결되었다. 정치인 다수가 돈 많은 이들이고, 또 다수가 재벌에게 조종당하고 있기 때문이다.

심각한 것은 우리나라에서도 의료민영화의 움직임이 일고 있다는 사실이다. 우리 모두 이것만은 막아야 한다는 절대적인 공감대가 형성되어야 한다. 그러려면 먼저 의료민영화의 실체를 알아야 한다. 미국의 의료민영화 문제가 심각하다고 이야기하는데, 사실 영리병원이 차지하는 비율은 전체의 18%에 불과하다. 결국 비율의 문제가 아니라는 것이다. 영리병원 도입은 의료의 기반을 흔든다. 당연지정제와 전 국민 의료보험 의무가입제의 토대가 흔들리는 순간 우리나라 의료 체계는 변하게 될 터인데, 그 변화의 방향은 당연히 자본의 논리에 충실할 거라는 얘기다. 더 구체적으로 얘기하자면, 동네 의원에서 4,500원에 물리치료를 받던 할머니는 몇 십만 원짜리 청구서를 받아들고 까무라치게 될 것이다. 노인들 물리치료비는 2014년까지 1,500원이었으나 2015년부터 300% 인상됐다. 이것만으로도 엄청난 타격이라 느끼는데, 과연 몇십만 원의 치료를 받으러 병·의원을 찾을 수 있을까?

　이것이 핵심이다. 1%에 집중되어 있는 부가 왜 세상을 흔드는지를 말하는 것과 같은 이치다. 비율의 문제가 아니라 그 비율이 가지고 있는 경제적인 힘이 문제다. 이미 권력화된 자본 말이다. 단언컨대 의료마저 자본에 잡아먹힌다면 우리의 행복지수는 최악이 될 것이다. 돈으로 살 수 없는 것들은 기필코 지켜내야 한다. 누구도 함부로 가져가지 못하도록 해야 한다. 사람으로서 마땅히 누려야 하는 보편적인 권리와 우리 삶을 가르는 '소중한 가치'들만큼은 반드시 지켜내야 한다. 기득권이 왜 기를 쓰고 의료민영화를 하려는 것인지만 생각해도 답이 나온다. 결국 돈을 더 많이 벌 수 있다고 생각하기 때문에 시행하려는 것이지 사회적 약자들을 위해 그러는 것이 아니다. 의료 서비스의 선진화라고? 지나가던 개가 웃을 일이다. 아무리 선진화된다 한들 그걸 누릴 돈이 없는 사람에겐 그림의 떡에 불과하다. 가난한 사람들은 이제 아플 수도 없는 세상이 되는 것이다. 자본은 이익을 얻을 수 있는 모든 것에 손을 뻗는다. 자본의 탐욕은 정말이지 끝이 없다. 그 탐욕의 끝에서 불행한 이들은 언제나 약자다.

대학에 가지 않을 권리

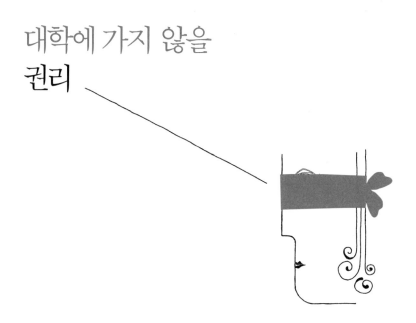

글쓰기 강의를 하다 알게 된 분이 자기 이야기를 들려주셨다. 그 분의 아들은 학교에서 반장을 할 정도로 공부를 잘했는데, 하루 는 아이가 대학을 안 가겠다고 하더란다. 그러면서 이렇게 말하 더란다.

"엄마, 우리 반 꼴찌도 대학엘 가."

지금 우리나라 대학은 입학하기 어려운 곳이 아니다. 결국 지독 한 학벌사회는 대부분의 이십대가 대학 졸업장을 가지도록 만들었 다. 부모들의 사랑을 이용해 학위 장사를 하는 곳이 바로 오늘날의 대학이다. 대학이 지성의 전당이 아닌 지는 이미 오래됐고, 비싼 등록금은 신우골탑도 모자라 청년들을 졸업과 함께 빚쟁이로 만들고 있다. 대학들은 돈벌이 수단을 악착같이 늘려왔다. 기숙사비도 예전에 비해 비싸졌고, 심지어는 학내를 통과하는 차량에 통행료를 받기도 한다.

그러다 보니 자연스레 경영학과 우대 현상이 생겼다. 기업에서 경영학과 출신을 선호하니 대학에서도 어떡해서든 경영학과 정원을 늘리려 한다. 그만큼 돈을 버는 일은 어디에서건 중요해서 예술을 하더라도 경영학은 알아야 한다. 이렇게 되는 데에 대학에만 책임이 있는 건 아니다. 바로 신자유주의를 받아들여 대학마저 시장에 내놓은 정부의 잘못이다. 결과적으로 교육이라는 가치를 시장에 내놓음으로 해서 그것마저도 변질되고 말았다. 지성의 전당은 고사하고 취직을 위한 훈련센터가 되어버린 셈이다. 대학생들은 이제 스펙에 목숨 걸고, 늘어나는 등록금을 대기 위해 아르바이트를 뛰느라 이중고에 시달리고 있다.

세상을 제대로 알아야 하는 첫 번째 이유도 바로 이 교육 문제 때문이다. 나 또한 두 아이의 엄마로서 앞으로 우리 아이들이 살아갈 세상에 대해 책임이 있다. 가끔 교육 문제를 고민하는 부모들 중에는 유학을 보내는 것이 해결책인 것처럼 말하기도 한다. 하지만 유학을 보낸다고 해결될 일이 아니다. 지금 이 자리에서 더 나은 대안을 찾지 못하면 아무 소용이 없다. 게다가 아이들을 위한 참교육을 고민해보자고 말하면 실눈을 뜨고 쳐다보는 묘한 분위기도 형성되어 있다. 아이가 아이답게 클 수 있도록 공부 부담을 줄이고 더 놀게 해야 한다고 하면, 학원이나 유학 보낼 능력이 안 되는 부모의 핑계 정도로 치부하는 것이다. 아이들은 아우성을 치는데 어른들은 외면한다.

흔히들 이 잘못된 교육의 중심에는 항상 엄마들이 있다고 말한다. 이른바 치맛바람이 아이들을 학원으로 내몰았다는 논리다. 극성스러운 엄마들 때문에 학원이 더 많이 생기고, 공교육이 무너졌다는 것이다. 이건 말도 안 되는 소리다. 교육이 시장에 나오면서 규제가 풀렸기 때문인데 그것에 동조한 엄마들에게만 책임을 전가하는 꼴이다. 엄마들에게 책임이 전혀 없다고는 말하지 못하지만, 시장의 논리에 반응한 것일 뿐 근본적인 원인은 엄마들이 아니라 사회·경제 시스템에 있다.

지금 우리나라 사교육은 산업이 되어가고 있다. 각종 어학원이나 종합학원은 재벌 기업이나 다름없다. 그들이 기득권이 되어갈수록 사교육 시장의 벽은 점점 더 두꺼워지고, 그 벽은 엄마들이 깨기에 더욱 어려워진다. 아이들이 얼마나 힘들어하는지는 모른 채 그들이 만들어놓은 불안 논리에 휘둘려 학원 원장과 선생들의 엄포에 정신줄을 놓는 것이다.

모든 마케팅 논리가 그렇듯이 사교육 시장이 조장하는 것도 '무려움'이다. 이렇게 어려운 수학 문제를 학원에서 미리 배우지 않으면 아이가 경쟁에서 뒤처지게 될 것이라는 두려움 말이다. 사교육 시장의 불안 마케팅은 말도 안 되는 논리를 들이대며 엄마들이 지속해서 돈을 내게 한다. 지금 우리 아이들에게 중요한 것은 머리가 아니라 가슴이다. '어떻게 사는 게 행복한 것인지'를 질문하게 하고 가슴을 뜨끈하게 데워야 한다. 함께 살아가기에 가장 중요한 공동체 의식은 따뜻한 가슴에서 나오기 때문이다. 공부만 중시하고 정작 중요한 인격이나 가슴은 보살피지 않으니, 인터넷이라는 익명의 바다에 숨어 저급한 댓글질이나 하는 판사가 나오는 것이다. 가슴이 따뜻하도록 교육해야 한다. 그래야 먼 훗날 세상을 더 나은 곳으로 만들고자 하는 괜찮은 정치인들이 더 많이 나오지 않겠는가. 함께 사는 것이 아니라 남보다 한발 앞서야 한다는 조바심은 지금 우리 모두의 목을 조르고 있다. 이제 벗어나야 한다. 지금 우리 엄마들에게는 이런 논리에 저항할 만한 지식도, 철학도 없다. 그러니 세상이 시키는 대로 아이들을 몰고 갈 뿐이다.

　문명의 이기는 여자들에게 아궁이와 빨래터에서 벗어나게 했지만, 그냥 자유롭게 놔두지 않았다. 육체적으로 자유로워진 대신 보이지 않는 무형의 책무들로 육체노동을 대신하게 했다. 요즘 시대의 엄마들은 자녀의 교육 매니저를 떠맡고 있다. 여자가 좋아서 떠맡은 거라는 말도 안 되는 주장은 하지 마라. 지금도 여전히 학원을 보내지 않는 엄마도 간혹 있는데, 그녀들에게 이상하다는 눈길을 보내고 있지 않은가.

오늘날 경쟁사회는 여자들에게 묻는다. '당신은 능력 있는 엄마인가?' 하지만 처음부터 질문이 잘못되었다. '당신은 좋은 엄마인가?'가 제대로 된 질문이다. 좋은 엄마가 진짜 엄마다. 힘들 때 옆에 있어주고 아이와 눈을 맞추며 사랑한다는 표현을 온 에너지로 보내주는 엄마가 좋은 엄마다. 그것이 엄마다. 교육 매니저가 아닌 진짜 엄마 말이다.

물론 아이들의 미래를 설계해주는 것도 좋은 엄마다. 하지만 우리는 아이에게 맞는지 안 맞는지도 고려해본 적 없이, 그저 시류에 휩쓸려서 또는 자기 시간을 갖기 위해 학원에 보낸 적이 얼마나 많은가. 그렇게라도 하면 최소한 엄마로서 할 일은 한 것처럼 주변에서 봐주니 말이다.

마라톤 같은 중거리 이상의 달리기 경주에서는 선수들에게 페이스메이커가 따라붙는다. 옆에서 보조를 맞춰주며 선수가 잘 달릴 수 있도록 해주는 조력자다. 엄마는 이런 페이스메이커 같은 존재여야 한다. 옆에서 함께 달려주면 된다. 아이를 앞에 두지도 말고 뒤에 두지도 말고 옆에 두자. 달리지 못하면 같이 걸어주고 주저앉으면 옆에 같이 앉아 있다가 일어서려고 하면 손을 잡아주면 되는 것이다. 무엇을 더 하려고 하는가?

엄마들이여 이제 눈을 뜨자. 두 눈을 부릅뜨고 세상을 제대로 보자. 지금 우리는 시장 경쟁에 아이들을 몰아넣고 있는데, 이 경쟁은 무한 경쟁이다. 끝이 없다. 아이들의 행복은 어떻게 찾아줄 것인가?

진짜 엄마라면 학원 뺑뺑이를 돌릴 것이 아니라 아이에게 우리가 사는 세상을 알려주고 또 어떻게 해야 더 나은 세상이 되는지를 이야기해주어야 한다. 엄마가 깨어나야 아이가 행복하다.

공부를 왜 해야 하는지에 대한 근원적인 질문과 대답 대신 공부를 못하면 일용직 노동자가 된다거나 낮은 임금을 받는 사람이 된다는 협박을 해서는 안 된다. 그보다는 노동자가 낮은 임금을 받는 세상이 잘못된 것이라고 알려주어야 한다. 무엇이 진짜 중요한지를 가르쳐야 한다. 노동자가 대우받는 사회가 되어야 한다는 것을, 불평등한 사회가 왜 잘못되었는지를, 그리고 이런 사회를 바로잡기 위해서 무엇을 해야 하는지를 알려주어야 한다. 이제 우리 엄마들이 나서서 말해줘야 한다.

어른들이 많이 하는 말 중에 '출발선부터 다르다'는 것이 있다. 그런 말을 하면서 어른들이 흘리는 씁쓸하고 자조적인 웃음을 보면서 아이들은 무엇을 배우겠는가? 더 열심히 뛰어야 한다는 결론으로는 아이들에게 행복을 가르쳐주지 못한다. 그보다는 '올바른 경쟁은 출발선이 같아야 한다'고 알려주어야 한다. 그런 사회가 좋은 사회라는 것을 알려주어야 한다. 그런 사회를 만들 수 있다는 믿음을 심어주어야 한다. 훗날 높은 지위에 오르거나 돈을 많이 버는 기업인이 되었을 때, 자기 욕심을 채우기보다 어떻게 하면 더 나누고 노동자들과 함께 살아갈 수 있는지를 가르치는 엄마가 이 시대의 진정한 엄마다. 세상은 엄마들에 의해서도 변할 수 있다. 더 나은 대안을 우리가 찾아낼 수 있다. 우리 아이들에게는 대학에 가지 않을 권리가 있다. 새로운 길을 찾을 권리가, 학원에 가지 않고 신나게 뛰어놀 권리가 있다.

개천의 용이
사라진 이유

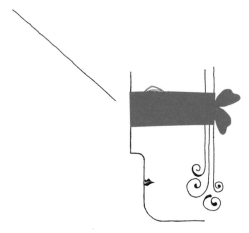

고등학교 3학년 때, 학력고사를 마치고 나니 친구가 영화를 보자고 했다. 찰리 채플린의 〈모던 타임스〉였다. 친구가 어떤 이유로 이 영화를 보자고 했는지는 모르지만 처음 본 무성영화라 신기했고, 어찌나 웃기던지 영화를 보는 내내 깔깔거리고 웃다 지쳐 나왔더랬다. 찰리 채플린이 아주 유명한 영화감독이고, 〈모던 타임스〉가 현대 산업화를 맹렬하게 풍자한 훌륭한 수작이라는 사실을 알게 된 것은 그 후로도 꽤 오랜 시간이 지난 뒤였다.

1970년대에 미국에서는 '매카시' 열풍이 불었다. 조셉 매카시라는 상원의원이 만들어낸 반공사상이 미국을 휩쓸었고 좌파 성향을 가진 이들이 집중 공격을 받았다. 그중에는 찰리 채플린 감독도 끼어 있었다. 채플린은 공산주의 성향을 가진 예술가로 찍혀 끝내 미국에서 추방당했다. 〈모던 타임스〉는 산업화한 사회에서 도구화되는 개인의 비극을 풍자한 영화로 지금 봐도 사회를 꿰뚫는 그의 날카로운 통찰력이 전율을 느끼게 하는 영화다. 찰리 채플린이 〈모던 타임스〉에서 말했던 속도와 경쟁은 지금도 우리에게 중요한 삶의 방식이니 말이다.

새천년이 시작되었다고 떠들썩하던 2000년 초 '따라올 테면 따라와 봐'란 광고 카피가 있었다. 그 카피처럼 우리는 여전히 경쟁하고 무언가를 향해 속도를 내며 달려가고 있다. 이런 속도와 경쟁이 신자유주의 시대를 사는 우리에게 요구되는 미덕이라고 포장하지만, 실상은 족쇄처럼 우리를 코너로 몰고 있을 뿐이다. 설령 그것이 족쇄라는 것을 안다고 해도 현대 사회에서 그 연결고리를 끊기란 절대 쉽지 않다. 사회구조가 변해야 하는 이유는 바로 이런 점에 있다. 개인이 할 수 있는 데에는 한계가 있기 마련이다.

오늘도 우리는 누군가와 경쟁한다. 이 경쟁이란 말은 스포츠에서 가장 많이 사용된다. 스포츠는 같은 규칙에서 시작한다. 사실, 경쟁에서 가장 중요한 것은 '규칙'이다. 달리기할 때는 같은 출발선에서 시작해야 하고, 야구나 축구 같은 팀 경기는 같은 인원으로 룰에 따라 해야 한다. 즉, 경쟁하는 모든 사람이 같은 조건에서 시작해야 한다는 뜻이다. 알다시피 같은 조건이어야 실력을 판가름할 수 있는 기준이 만들어지기 때문이다.

대부분 사람이 알고 있던 상식으로서의 경쟁은 늘 그랬듯이 스포츠와 같은 경쟁이었다. 게다가 각종 언론과 대중매체에서도 경쟁은 공정하다며 거짓 믿음을 만들어내기 바빴다. 하지만 이제는 출발선이 다른 것을 경쟁이라고 부른다. 문제는 지금부터다. 출발선이 다르다는 말에 고개를 끄덕이면서도, 다르다면 얼마나 다른 건지, 또 그것이 왜 그렇게 되었는지에 대해서는 정확히 모른다. 그러니 고개를 끄덕이고는 있지만, 현실은 여전히 세상이 원하는 대로 경쟁의 소용돌이를 멈추지 않는 것이다.

신자유주의를 내세우는 지금의 자본주의는 경쟁을 미화하고 속도를 부추긴다. 누군가는 경쟁의 시작은 바로 탐욕이라고 말한다. 자본주의는 탐욕을 암묵적으로 인정한다. 그 탐욕이 우리에게 빵과 음식을 더 많이 가져다주었다고 생각하기 때문이다. 이런 주장이 아주 틀린 것도 아니다. 탐욕이 경제 발전을 도운 것은 사실이니까. 하지만 탐욕이 어느 정도 채워지면 더는 커지지 않을 것이라 믿었던 순진한 경제학자 애덤 스미스의 예언과 달리 탐욕은 점점 더 커졌다. 재산이 눈덩이처럼 불어나도 부자들은 결코 '이제 됐다'고 말하지 않았다. 급기야는 기어이 다른 사람들의 것까지 뺏어가기 시작했다.

경쟁의 불공정은 거기서부터 시작되었다. 초기 자본주의를 거쳐서 신자유주의가 도래하기 전까지만 해도 세계 부자들의 자본은 지금만큼 비대하지 않았다. 하지만 신자유주의를 거치면서 부자들의 재산은 비정상적으로 증가했다. 이런 상황은 경쟁의 순수한 의미를 점점 더 퇴색시켰고, 경쟁의 불공정은 커져만 가고 있다. 지금의 경쟁은 결코 정당하지도 공정하지도 않다.

이미 격차가 나버린 사람들의 하루는 급속도로 달라졌다. 그 격차 중에 가장 두드러지는 것이 바로 우리 사회의 교육이다. 교육에 도입한 경쟁이 아이들의 꿈을 앗아가고 있다. 얼마 전 인터넷에서 우리나라 아이들이 꿈을 포기하는 경우가 늘고 있다는 기사를 봤다. 부모의 경제적인 능력을 간파한 가난한 집 아이들은 이미 이 경쟁에서 자신의 위치가 아주 불리하다는 것을 알고, 일찌감치 꿈을 포기한다는 것이다. 그처럼 어린 나이에 자신에게 맞는 사회적 위치를 찾고, 그대로 주저앉는 아이들이 늘고 있다는 현실이 가슴 아프다. 아직 초등학생인 아이들의 입에서 돈이 최고라는 말이 나오고, 앞으로 꿈이 돈 많이 버는 것이란 대답을 하는 아이들이 늘고 있다.

적어도 모두가 같은 출발선에서 경쟁하도록 해주어야 하는 것이 민주주의 국가의 교육정책이 아닌가? 기회의 균등은 민주주의가 내세운 가치가 아니었던가. 그런데 지금 그 가치는 어디에 있나?

경쟁에도 돈이 필요하다는 것을 일찌감치 알아버린 아이들, 이들이 갈 곳은 어디일까? 지나친 경쟁이 우리 아이들의 꿈을 빼앗아 가고 있다.

한때는 꿈이라는 단어가 (물론 지금도 여전하지만) 무슨 만병통치약처럼 쓰이기도 했다. 물론 꿈은 좋은 것이다. 올바른 꿈을 가지고 포기하지 말고 노력해야 하는 것은 당연하다. 하지만 이제는 꿈의 정의를 다시 내려야 한다. 개인적인 영달이나 성공을 위한 꿈이 아니라, 다른 사람들과 더불어 할 수 있는 것들이 꿈이 되어야 한다. 꿈에도 품격이 있다. 오래전 '나에게는 꿈이 있습니다'라고 외쳤던 마틴 루서 킹 목사의 말을 다시 떠올려야 할 때다. 킹 목사의 말을 조금 빌리자면, '지금 우리에게는 꿈이 있어야 한다'가 내가 주장하는 핵심이다. 꿈을 꿀 수 있는 조건이 갖추어져 있는 아이들만이 아니라 모든 아이에게, 나아가 모든 사람에게 꿈을 꿀 수 있는 현실이 동등하게 주어져야 한다. 무엇보다 그것을 가능하게 할 사회적 조건이 만들어져야 한다. 꿈은 단순히 개인적인 것만이 아니다. 꿈의 실현은 사회 속에서 이루어져야 하기 때문에 사회적인 것이기도 하다.

경쟁이 치열해진 것은 모든 분야에서 규제를 완화했기 때문이다. 모든 것에서 규제를 풀어 시장에 맡김으로 해서 피해를 보는 것은 가진 것 없는 이들이다. 자본주의 시대의 경쟁력은 결국 돈이기 때문이다. 자본이 부족한 영세업자나 중소기업들이 경쟁에서 밀리는 것도 당연한 결과다. 그래서 20세기 말이 되면서 제조업이 내리막길로 들어선 것이다. 이제 자본가들은 눈에 보이지 않는 것들에서라도 돈을 벌어야 했다. 그래서 탄생한 것이 금융 산업과 문화 산업, 교육 산업의 활성화였다. 이에 따라 우리나라에 대학이 수도 없이 세워지고 주식에 전 재산을 거는 사람들이 생겼다. '블루오션'이라는 경제 용어가 있다. 알다시피 경쟁 상대가 없는 유망한 시장을 말한다. 하지만 영원한 블루오션은 존재하지 않는다. 아무리 진입장면 높은 블루오션이라 할지라도 시간이 지나면 '레드오션'이 되고 만다. 그야말로 피비린내 나는 살벌한 경쟁이 일어나는 것이다. 결국, 경쟁은 꼬리에 꼬리를 물고 또 다른 경쟁을 몰고 올 뿐이다.

요즘 오디션 프로그램이 인기다. 그런데 거기 등장하는 공개 경쟁이라는 툴은 언뜻 보면 공정해 보이지만 경쟁에 대한 일종의 편견을 심어준다. 나이가 많거나 외모가 떨어지는 사람들에겐 이미 경쟁력이 없다는 것을 전제로 하고 있기 때문이다. 아주 오래전에 얼굴이 잘나지 못한 한 가수가 자신이 성공한 일을 두고, 외모는 타고나는 것이기 때문에 경쟁이 될 수 없다고 한 적이 있다. 사실 우리는 타고난 것만으로 경쟁하진 않는다.

《경쟁의 종말》의 저자 로버트 프랭크는 개인의 자질이 환경적 혹은 유전적 요인과 얼마나 관련이 있는가에 대해서 두 가지 모두 관련이 있다고 주장한다. 어떤 사람이 똑똑한 이유는 좋은 유전자를 타고났거나, 지적 능력을 계발해주는 환경에서 자랐거나, 이 두 가지 요인이 복합적으로 작용했기 때문이라는 것이다. 결국, 외모만이 아니라 환경도 무시할 수 없는 조건임을 알아야 한다. 개천에서 용이 안 나는 세상이 되었다고 한탄한다. 그럼 그런 조건이 만들어지는 동안 우리는 무엇을 했단 말인가? 개천에서 용을 다 없애는 데도 몰랐다. 그보다 더 큰 문제는 이제 용이 날 수 없다는 사실을 그냥 받아들인다는 것이다. 과연 이대로 있어도 괜찮은가?

고도의 거짓말,
통계

"엄마, GDP가 국내총생산이죠?"

사회 과목을 좋아하는 큰아이는 궁금한 것이 생기면 곧잘 물어
본다.

"그렇지."

"그런데 그게 구체적으로 뭐예요? 우리나라 사람들이 버는 돈이
GDP예요?"

"응, 우리나라 안에서 일어난 모든 생산 활동을 통해서 벌어들인
돈을 말하는 거야."

"다른 거 뭐가 있어요?"

"국민총소득을 뜻하는 GNI가 있어. 우리나라 국민 한 사람이 벌어들인 돈을 얘기할 때는 1인당 국민소득, 그러니까 1인당 GNI를 사용하지."

"알 것도 같고, 모를 것도 같네요. 헤헤."

"그렇지? 쉽게 구분하는 방법이 있는데, GDP는 우리 영토를 기준으로 하고, GNI는 국민을 기준으로 한다는 거야. 그럼, 국내총생산이 가장 많은 나라는 어딜까?"

"미국!"

"맞아."

"그럼, 1인당 국민소득이 가장 많은 나라는?"

"그것도 미국이겠죠?"

"아니, 룩셈부르크야."

사실 GDP와 GNI의 개념보다 더 중요한 것은 그 안에 포함된 진실이다. 정부가 절대 말해주지 않는 이야기 말이다. 세계에서 가장 부자인 나라는 미국이다. 그리고 국민소득 불균형이 가장 심한 나라 역시 미국이다. 이 사실은 미국이란 나라가 경제적 불평등이 얼마나 심한지를 보여준다. 우리나라는 2014년 현재 4위이지만 이 순위는 더 올라갈 것이다. 국가는 이렇게 보이는 통계는 공개하지만, 부의 배분 방식에 대해서는 침묵한다. 우리나라의 불평등지수도 최상위권인데, 불평등지수가 왜 이렇게 높은지에 대해서는 절대 알려주지 않는다. 이것이 바로 국가가 우리에게 말하지 않는 진실이다. 겉으로 드러나는 지표만 알려주고 그 안에 담긴 모순은 밝히지 않는다.

얼마 전 〈경향신문〉 기사에 중산층이 늘고 있고, 소득 불균형을 나타내는 지니계수도 낮아지고 있다는 통계청 발표가 실렸다. 지니계수는 0부터 1 사이의 수치로 소득의 분배 정도를 보여주는데, '0'은 완전한 평등(모두가 정확히 같은 소득을 가지는 것)이고 '1'은 완전한 불평등이라고 보면 된다. 그러므로 수치가 낮아질수록 부가 공평하게 분배되고 있다고 볼 수 있다. 통상 0.4 이상이면 불평등이 심하다고 이야기하는데, 통계청은 우리나라 지니계수가 2013년 기준 0.302라고 하며 해마다 계수가 줄어들고 있다고 발표했다. 그렇지만 〈경향신문〉은 통계청이 재산은 빼고 단지 소득만을 가지고 통계화했으며, 상류층에 대한 조사가 부족했다는 점을 꼬집었다. 이런 조사 방법으로 나온 통계는 현상을 정직하게 보여주지 못한다. 국가기관이 정말 정확한 정보를 국민에게 제공하고 있는가 하는 의구심을 불러일으킬 뿐이다. 혹시 정확한 정보를 알려주지 않으려는 의도가 있는 건 아닐까? 경험상 '혹시'는 '역시'로 결론 날 때가 많았다.

이미 잘 알려졌다시피 흔히 말하는 탑 시크릿, 즉 기밀문서는 존재한다. 국가가 모든 것을 공개하지 않고 기밀문서로 남겨둔다는 것 자체가 무언가를 숨긴다는 것이다. 국가의 질서를 유지한다는 명분으로 말이다. 하지만 국가의 유지를 위해서라기보다 지배 계층에게 불이익이 되기 때문에 숨기는 경우가 훨씬 더 많다. 《보수는 어떻게 국민을 속이는가》의 저자 조슈아 홀랜드는 경제에 관해서 정부가 하는 거짓말을 밝혔다. 그는 국가부도가 코앞에 닥쳤다는 말을 믿지 말라고 하면서, 보수 정부는 돈이 없다는 거짓말을 밥 먹듯이 한다고 지적했다. 진보 세력이 집권하면 파산 위기에 처한다는 말 역시 마찬가지로 거짓말이라고 강조한다. 정부가 하는 발표나 여론 조사, 언론의 보도를 액면 그대로 믿어버리는 것이 얼마나 바보 같은 짓인지를 깨달아야 한다.

국가는 국민에게 절대 모든 것을 알려주지 않는다. 부의 분배에서 발생하는 불평등은 우리의 상상을 초월한다. 삼성이 가진 자본을 일반 월급쟁이가 모으려면 몇 년을 모아야 하는지 아는가? 100년? 1,000년? 무려 50만 년이다. 이것은 그냥 격차가 아니라 아예 딴 세상이라고 할 정도다. 극소수에 쏠리는 부는 시간이 지날수록 점점 더 차이를 벌린다. 일반 대기업에서 사원과 사장의 임금은 적어도 100배 이상 차이가 난다. 일례로 한진중공업 경영진은 2011년 한 해에만 176억 원의 배당을 가져갔다.

많이 쳐서 연봉 4,000만 원을 받는 노동자가 있다고 할 때, 176억은 그 몇 배인가? 300배가 넘는다. 이건 명백히 부의 공정한 분배가 아니다. 이런 자본의 계산법과 탐욕이 노동자들을 계속 대를 이어 가난하게 만들고 있다. 이런 격차가 시대를 거듭할수록 더 심해지는 이유는 바로 부가 세습되기 때문이다. 봉건 시대에 왕이나 귀족의 권력이 세습되었던 것처럼 부도 대물림된다. 이는 결코 정당한 일이 아니다. 공룡 기업 삼성이 세습 문제에 대해 맨 앞에서 뭇매를 맞고 있는 형국이지만, 사실 그 외 대부분의 기업에서도 세습이 당연시되고 있다. 지금과 같은 격차가 생기는 것은 부의 분배 방식이 잘못되었기 때문이다.

이런 사실을 보다 적극적으로 대중에게 알려야 함에도 왜 소위 진보 정치인들이라 하는 사람들마저 입을 꾹 다물고 있는 걸까? 그들도 모두 부자이기 때문이다. 가난한 국회의원은 별로 없다. 진보 진영이든 보수 진영이든 모든 정치인은 대다수 국민보다 훨씬 부자다. 게다가 힘도 있다. 그들은 가난한 국민을 위해 애써서 일할 이유가 없어 보인다. 정치인들이 정말 국민의 대의를 받드는 이들이라면 국민의 알 권리를 충족시켜줘야 한다. 정부를 경계해야 하는 국회의원들임에도 그들은 자본주의의 파수꾼을 자임하고 있다. 그러니 민생 해결이나 공직자들의 부패를 막기 위한 법은 세월아 네월아 시간만 잡아먹으면서, 자기들 밥그릇 채우는 법은 득달같이 통과시키는 것이다. 이들이야말로 돈이라는 권력의 하수인들이다 정치인들 다음으로 반성이 필요한 이들은 언론인이다. 권력에 바짝 쫄아서 제 노릇을 하지 못하고 있다. 언론이 국민을 속이는 데 앞장선다는 증거는 '관심 돌리기'에서 뚜렷이 드러난다. 국가적인 중요 사안이 이슈화될 때마다 언론은 연예인의 대형 가십을 터트리거나 눈가림을 할 만한 다른 문제를 끌고 나와 국민의 관심을 분산시킨다. 언론은 권력과 한 몸이 되어 대중 위에 서 있을 뿐이다.

여기에 출판계도 한몫한다. 출판계는 사람들의 이목을 끄는 책만 대대적으로 광고하고 홍보하지 진짜 중요한 이야기를 하는 책들은 외면한다. 진보 논객 진중권이 말했듯이 지식인은 대중이 듣고 싶어 하는 얘기가 아니라 들어야 할 이야기를 해야 한다. 적어도 출판이라는 지적 공간에서만큼은 국민이 진짜 알아야 할 책들이 널리 알려져야 한다. 사람들을 사회문제에 어둡게 만드는 자기계발서나 힐링 책만 베스트에 올릴 일이 아니란 말이다.

독일 출신의 여성 정치 철학자 한나 아렌트는 이런 말을 남겼다.

"무지라는 것은 생각하는 것을 싫어하는 것이다. 무지한 자는 일상 외에는 전혀 관심을 가지지 않는다. 그것이 악을 만드는 것이다. 우리는 이러한 평범한 악을 경계하며 깨어 있는 양심을 통해 무지와 결별해야만 한다."

한나 아렌트는 전범 재판정에서 아우슈비츠의 악명 높은 소장이었던 아돌프 아이히만을 만나고 나서 그가 너무 평범한 데 충격을 받았다. 그 충격을 《예루살렘의 아이히만》에 담았다. 꼭 한번 읽어 보기를 바란다. 예를 멀리서 찾을 것도 없이, 고인이 된 김근태 의원도 비슷한 말을 한 적이 있다. 지독한 고문을 받는 와중에 고문 기술자들이 보여준 평범한 가장의 모습과 대화 내용에 정말 놀랐다고 했다. 독일의 아이히만도, 한국의 고문 기술자들도 자신은 그저 명령에 따랐을 뿐이라고 항변한다. 이는 인간으로서 옳고 그름을 판단하지 못하는 무지함이라고 할 수 있다. 이처럼 무지는 사람을 아무렇지도 않게 악하게 만들 수도 있다. 무지 때문에 가해자가될 뿐만 아니라 피해자가 되기도 한다. 사람들은 자신이 당하는지도 모르고 당하고, 뺏기는지도 모르고 뺏기며 살아간다.

우리가 관심을 가지지 않고 체제에 순응할수록 국가는 더 강력하게 국민 위에 군림한다는 사실을 잊지 말아야 한다. 국가가 국민을 속일 수 있는 이유는 어쩌면 국민이 잘 속아넘어가기 때문 아닐까? 국민이 눈을 번뜩이며 살아 있는데도 속일 수 있을까? 불의에 눈 감지 말아야 한다. 부당함에 저항해야 한다. 정부를 감시하는 일은 국회의원에게 맡기면 그만 아니냐고? 절대 그렇지 않다는 걸 우리는 지금 현실에서 확인하고 있지 않은가. 국민이 국가의 감시자가되어야 한다. 그러기 위해 국민은 깨어 있어야 한다. 국민은 국가가 보여주지 않는 것마저 볼 수 있어야 한다.

'자기계발'이라는 엄청난 돈줄

이십대 초·중반이었을 때, 자기계발서를 열심히 읽던 친구들이 있었다. 그때만 해도 자기계발서보다는 처세서라는 말이 더 흔히 쓰였다. 아무튼, 나는 그런 친구들을 보며 '시퍼렇게 젊은 나이에 어떻게 하면 세상에 잘 적응할 수 있는가를 생각다니…, 쯧쯧쯧' 했더랬다. 하지만 그로부터 정확히 20년이 지나서 나야말로 자기계발서에 푹 빠졌다. 내가 원하던 삶이 아니라 무언가가 어긋났다고 느꼈는데, 그게 나의 게으름 탓이라는 사실을 인정해야 했기 때문이다. 시간관리를 철저히 하고 더 나아가 감정과 사고방식까지 관리했다. 무언가 나의 뜻대로 될 거라는 생각에서 말이다. 물론 내가 원하던 것이 이루어지긴 했다.

하지만 시간이 지나면서 여러 측면에서 회의가 들었다. 책을 내고 강의를 하다 보니 자기계발 언저리에 있을 때가 있었는데, 그럴 때마다 자기계발이 상업성의 논리에서 벗어나지 못한다는 느낌이 들곤 했다. 자기계발이라 이름 붙여진 것들을 하나라도 배우려면 꽤 큰 비용이 들어가야 했다. 더욱이 마치 도미노게임을 하듯 하나를 쓰러뜨리면 바로 이어서 또 다른 것을 쓰러뜨려야 했다. 인맥관리 방법에서부터 시간관리까지, 모든 것은 곧 돈이다. 돈 없는 사람에게 자기계발이란 그림의 떡인 것이다. 자기계발 또한 새로운 돈벌이에 지나지 않는다는 회의감이 점점 커졌다.

자기계발 영역에서 빠지지 않는 것이 인맥이다. 사람을 그냥 알고 지내는 정도를 넘어 인맥관리란 것을 하라는 것이다. 이 또한 마케팅에서 나온 영업관리의 하나다. '사람도 자산'이라는 듣기 좋은 말로 포장했을 뿐 결국엔 사람도 하나의 수단으로 활용하라는 말과 다르지 않다. 실제로 이런저런 인맥을 잘 살펴보면 자신에게 큰 이익이 되지 않는 사람들과는 관계가 잘 유지되지 않는다. 인맥으로 관리하고 있는 사람에게 갑자기 전화해서 기분이 우울하니 만나자고 할 수 있나? 인맥은 친구가 될 수 없고, 될 수 있다 하더라도 그런 경우는 아주 희박하다. 그래서인지 진짜 사람을 잃어가고 있다는 느낌을 지울 수 없다.

더 무서운 건 인맥도 결국엔 경쟁자라는 사실이다. 이런 경쟁 시스템에서 살아남기 위해서는 자신의 능력을 더욱더 계발해야 한다. 이런 흐름을 타고 자기계발은 분야도 다양해져서 손을 안 뻗는 곳이 없다. 하지만 결국 자기계발을 해서 얻어지는 것은 현재 시스템에 잘 부합하는 사람이 되는 것이다. 대인관계가 좋고 시간관리 잘해서 주어진 업무를 시간 안에 잘 마무리 짓는, 결국 자본주의에 가장 효율적인 사람을 만드는 것이다. 모두 비슷해지기를 바라는 획일주의적인 면이 있는 것이 자기계발 분야다. 물론 내가 그런 사람이 되었을 때 주어지는 달콤한 보상은 있다. 사람들이 말하는 번 듯한 직장과 월급이 따라오며, 경제적으로 불안을 덜 느끼게 된다는 점이다.

예전 미국 프로그램 중에 유명한 재벌이 진행하는 〈어프렌티스〉라는 것이 있었다. 어프렌티스(apprentice)는 수습생이라는 말이다. 주어진 과제를 충실하게 해내지 못한 사람에게 재벌이 "you fired!"라고 말하며 탈락시키는 서바이벌 경쟁 프로그램이었다. 돈 잘 벌어서 유명 인사가 된 그 재벌은 자신들이 만들어놓은 세상에 가장 잘 적응하는, 이른바 능력 있는 사람을 뽑기 위해 수습생들을 다양한 방법으로 경쟁시켰다.

이런 방송을 보면서 우리는 자기도 모르게 최면에 걸린다. 저렇게 해야 돈을 잘 벌고 성공하는 거라고 말이다. 세상에서 조금 더 나은 입지를 취하려면 저렇게 대응하고, 저만큼 적극적이어야 하고, 동료들과도 잘 지내야 한다며 머릿속에서 스스로 훈련한다. 그야말로 경쟁의 천국이자 자기계발의 천국이다. 이렇게 경쟁을 미화하면서 자기계발 시장은 어마어마하게 성장해왔다.

이런 견해를 두고 누군가는 이렇게 말할지도 모른다.

"시선이 너무 삐딱한데? 너무 부정적으로만 보는 것은 아닌가?"

맞는 말일 수도 있다. 자기계발의 긍정적인 면까지 부정하는 것은 아니다. 하지만 이런 말은 흔히 보수라 자처하는 이들이 현재 사회의 문제를 제기하는 사람들을 향해 하는 어설픈 충고일 뿐이다. 기준을 어디에 두는가가 더 중요하다. 언덕이 있다고 치자. 그 언덕 아래에서 보는 것과 언덕 위에서 보는 것은 분명히 다르다. 편견을 가지지 않는 가장 좋은 방법은 아래에도 있어보고 위에도 있어보는 것이다. 그래야 편견에 사로잡히지 않고 제대로 중심을 잡을 수 있다.

또, 자기계발에서 강조하는 것이 긍정적인 마인드다. 이런 생각이 물론 자신을 더 발전시킬 수도 있고 열정을 사라지지 않게 할 수는 있지만, 지나친 긍정은 세상에 대해 착각하게 만들기도 한다. 진실이 존재할 가능성은 낮고 현실은 불평등하지만, (요즘 유행하는 개그처럼) '당황하지 않고' 진실이라 믿으며 희망을 품는 것이다. 현실을 제대로 보고 희망을 품는 것과 착각으로 인해 가지는 희망은 어마어마한 차이가 있다. 사회에 대해 불편한 이야기를 하는 사람들에게 말하는 '삐딱하다'라는 표현은 그렇게 말하는 사람이 서 있는 자리가 삐딱해서일 수 있다. 다른 곳에 서 있는 누군가가 보기엔 그들이 더 삐딱하다. 우리는 불평하고 부정적으로 말할 충분한 권리가 있다. 근거 없는 의심이 아니라 객관적 근거를 통해 얻어지는 '합리적 의심'은 '맹목적 믿음'보다 훨씬 더 건강하다. 긍정적이라는 말로 불만을 잠재우려 하는 부분이 있다는 사실도 알아야 한다.

우리나라에 자기계발 붐이 분 것은 1994년에 들어온 스티븐 코비의 《성공하는 사람들의 7가지 습관》이 인기를 끌면서부터다. 스티븐 코비는 1980년대를 일으켰다는 찬사를 받을 만큼 자기계발 영역에서 독보적인 위치를 차지하고 있다. 모든 자기계발의 바탕에 그가 있다고 해도 과언이 아니다. 잘 생각해보면 자기계발은 신자유주의 경쟁 시대에 맞추어 딱 필요한 영역이었다. 그런데 그 책의 가장 큰 오류는 '부지런한 사람이 성공한다'는 잘못된 인식을 퍼트렸다는 점이다. 사람들의 머릿속에 가난하거나 성공하지 못한 것은 자기관리를 못해서라는 생각을 굳히는 데 지대한 공헌을 한 셈이다.

자기계발에서는 '땀은 속이지 않는다'고 말한다. 그래서 늘 최선을 다해서 노력해야 한다고 말이다. 그런데 이 말도 자세히 살펴

볼 필요가 있다. 보편적으로 적용되지 않기 때문이다. 일례로, 폐지 줍는 노인분들 보면 얼마나 부지런한가. 젊은이가 끌기에도 버거워 보이는 리어카나 끌차를 끌고 가면서 얼마나 많은 땀을 흘리는가. 이분들이 이른 새벽부터 늦은 저녁까지 폐지를 찾는 데 들이는 노력은 또 어떤가? 하지만 아무리 해도 그분들은 하루 만 원을 벌지 못한다. 누군가 단 몇 시간 만에 버는 돈을 이분들은 평생 가야 만져보지도 못한다. 이런 상황에서 '땀은 속이지 않는다'는 말이 어떻게 보편적으로 적용되겠는가. 그저 말속임일 뿐이다. 적어도 모든 사람에게 일반적으로 적용될 수 있어야 진리이고 금언이 되지 않겠는가? 그런 말을 맹신하다 보면 편견이 생길 수밖에 없다. 땀을 흘리지 않기 때문에 못산다, 못사는 것은 노력하지 않기 때문이다 등의 편견 말이다. 우리는 이렇게 기준이 다른 세상에서 살고 있고, 그 기준은 점점 더 달라지고 있다.

이런 자기계발식 논리는 이십대에게 비뚤어진 믿음을 불어넣는다. 《우리는 차별에 찬성합니다》의 저자 오찬호는 '노력하면 성공한다'는 자기계발의 논리를 아무 비판 없이 받아들이는 젊은 층의 태도를 걱정한다. 자기계발서만을 집중적으로 읽어서 생긴, 가난하고 소외된 사람들에 대한 이십대의 냉정하고 때로는 냉혹한 태도들을 우려한다. 가난이 게으름과 무능 탓이라는 공식은 절대 보편적인 상식이 아님에도 그들은 믿지 않는다. 오직 자기계발을 위해 달리고 또 달린다. 이십대를 이렇게 자기계발 속으로 밀어 넣은 것은 우리 사회다. 그들이 십대일 때부터 당연하게 경쟁 속으로 밀어 넣고, 대학에 가서는 스펙을 위한 자기계발에 전력을 다하도록 만들었다. 그들에게 고개 들어 세상을 보라고 하는 어른은 없었다. 엘리트 지식인들이라고 해봐야 달콤한 말로 위로하는 척하면서도 뒤로는 채찍을 휘둘렀을 뿐이다.

가난한 것은 그들이 게을러서가 아니라며 저자는 다시 말한다.

"저렇게 사는 건 가난이 제공한 결과이지, 한 개인의 가난을 만들어낸 원인이 결코 아니다. 좋은 데 못 살고, 좋은 음식 못 먹으며 힘들게 살다 보니, 사람이 구질구질해지는 거지 그 반대가 아니다."

왜 분노하지
않는가

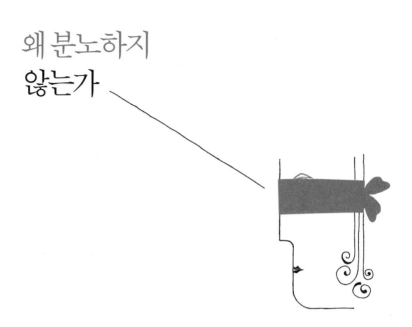

폴란드 출신의 사회학자 지그문트 바우만의 《왜 우리는 불평등을 감수하는가?》라는 책 제목을 보고 처음엔 꽤 자극적이라고 느꼈다. 그런데 읽어갈수록 얼마나 적절한 제목인가를 절감했다. '감수'라는 단어에 담긴 우리의 비겁함과 비굴함이 충분히 느껴졌기 때문이다. 이 말을 빗대어 이렇게 질문하고 싶다. "왜 우리나라엔 바우만 같은 학자가 없는가?"

2014년 세월호 참사와 관련하여 도올 김용옥 교수의 〈국민들이여, 거리로 뛰쳐나와라〉라는 격문이 있긴 했지만, 우리나라의 석학들은 대중의 의식을 깨우는 데 매우 수극적이다. 그러다 보니 우리는 부자들을 부러워하면서 부자가 되지 못한 자신이 부끄러워서 분노조차 하지 못하고 있다. 실패자들의 자기비하는 그래서 치명적이다. 스스로 고개를 들지 못하는 부끄러움을 느끼도록 하는 것은 저항을 막는 가장 막강한 지배 장치다.

하지만 일찍이 공자는 말했다. "나라에 도가 있는데도 가난하고 천하다면 부끄러운 일이요. 나라에 도가 없는데도 부하고 귀하면 부끄러운 일이다." 지금 우리가 사는 세상엔 도가 있는가?

도란 결국 사람이 사람답게 살아가야 하는 길일 뿐이다. 우리가 사는 세상은 사람을 사람답게 살도록 해주고 있는가? 먹고살 길이 막막해서 스스로 목숨을 끊고, 공부만 강요하는 세상이 힘들어 아파트에서 뛰어내리는 우리 사회에 사람다운 도가 있는가 말이다. 또, 가난하다는 것이 부끄러운 일이어야 하는가? 그렇지 않다는 확신이 생겨나야 한다. 그런 생각들이 들불처럼 번져나가야 한다.

왜 우리는 분노하지 않는가? 기껏해야 정부에만 분노할 뿐이다. 우리가 진짜 분노해야 할 대상은 자본이 지배하는 사회구조다. 이미 권력은 자본으로 넘어갔다. 이 불평등한 시스템 자체에 분노해야 한다. 정부가 이미 그 시스템의 하수인 노릇을 하는 이상, 그럴 수밖에 없는 정치구조하에서는 아무리 촛불을 치켜들어도 소용이 없다. 우리는 여전히 아이들을 학원에 보내야 하고, 노동자는 절대 부자가 될 수 없는 세상에서 살아가야 한다. 아니, 부자라는 것에 대한 개념이 달라지는 세상을 만들야 한다. 《시민의 역습》에서 팀 지는 이렇게 말한다.

"정치적으로 단련되지 않은 사람의 눈에는 지배 엘리트가 어떤 권력을 얼마나 쥐고 있는지 보이지 않는다. 엘리트가 세상을 지배하는 게 정상이라고 생각하기 때문이다. 하지만 엘리트의 권력은 민중의 삶을 지배한다. 정부의 관료를 위시한 다양한 엘리트는 설득, 매수, 처벌 등의 방법으로 민중을 부려먹는다. 달리 말하면 엘리트는 의식의 힘, 돈의 힘, 물리적 힘을 갖고 있다."

세상을 읽어낼 줄 모르면 여전히 지배당하는 가난한 국민으로 살아갈 것이다. 더욱이 여자들은 사회에 나와보면 자신에게 주어진 위치가 결코 주류가 아니고 소수에 속한다는 것을 알게 된다. 사회가 만들어놓은 '유리 천장'의 구조를 읽어내지 못하고, 분노하지 못하면 양성평등은 더 멀어질 게 뻔하다. 진짜 몰라서 분노하지 못한다. 새로운사회를여는연구원이 펴낸 《분노의 숫자》는 이런 통계수치를 적나라하게 보여준다. 부자가 아닌 일반 서민들이 겪고 있는 불평등이 여러 가지 통계수치로 자세히 제시되어 있다.

그중 몇 가지를 들어보면, 최저임금도 못 받는 임금 노동자는 208만 8,000명으로 10명 중 1명꼴이다. 남녀의 임금격차도 높아서 여자는 남자보다 30% 이상을 덜 받는다. 여성 10명 중 4명은 저임금 노동자다. 비정규직 노동자 비율은 약 24%로 OECD 국가 중 스페인 다음으로 높다. 청소년 사망자 10명 중 3명의 사인이 자살인 나라다. 서민을 상대로 하는 대부업체의 이자만 2조 8,000억 원이다. 그 외에도 불평등의 근거는 끝이 없다. 우리가 분노할 근거가 수도 없이 많다는 얘기다.

특히 등록금을 쌓아두는 대학 얘기를 빼놓을 수 없는데, 적립금만 11조 7,000억 원이다. 반값등록금 할 수 있는데 안 하는 것이다. 삼성전자 임원의 연봉은 노동자 연봉의 무려 137배다. 주식부자 상위 1%가 시가총액의 81.8%를 소유하고 있다. 이런 근거를 보고도 분노하지 않을 수 있겠는가?

물론 분노만으로는 아무것도 바뀌지 않는다. 그렇다고 분노조차 안 하는 건 더 무서운 일이다. 몰랐을 때는 그럴 수 있다 쳐도 알면서도 분노하지 않는 건 어떤 형태로든 자발적 굴종으로 이어지게 마련이다.

그런데 왜 사람들은 분노하지 않으려 하는 걸까? 알면서도 분노하지 않는 이유 중 하나는 '이기적인 욕망'이다. 어설픈 위치에 끼어서 그래도 먹고는 살 수 있다고 작은 위안을 하도록 하는 이기적인 욕망이 분노를 가로막는다. 이것이야말로 가장 위험한 착각이다. 왜냐하면 그들은 하나만 보고 둘은 못 보기 때문이다. 작은 위안은 언제든지 절망이 될 수 있다. 주변 지인들 중에 아무리 대기업을 다녔어도 명예퇴직을 하거나 실직을 하는 순간 그들의 삶이 이전에는 상상도 하지 못했던 상황으로 바뀌는 것을 많이 봤다. 상위 5%가 아니고는 우리 사회에서 누구도 안전하지 않다.

분노하지 않는 이유가 혹시 가난에 대한 부끄러움은 아닌가? 대중매체에서 의도적으로 보여주는 가난은, 나약하고 무지하며 심지어 게으르기까지 하다. 이런 만들어진 선입견과 편견은 가난하다는 것을 부끄럽게 여기도록 한다. 이런 이유로 간혹 어떤 이들은 살만하다는 것을 보여주고 싶어서 보수의 편에 선다. 그와 동시에 점점 소외된 사람들에 대한 배려나 관심을 거둔다. 대중매체는 부자들의 럭셔리한 삶을 보여주기 바쁠 뿐, 사회의 밑돌인 노동자들의 모습은 보여주지 않는다. 입을 닫아버린 언론과 지식인들로부터 '한 사람의 부자가 존재하려면 100명의 가난한 사람이 필요하다'는 말은 들어본 적도 없다.

사람들은 점점 화려하게 치장하고 소비하는 데 전력투구할 뿐 소외되거나 가난한 사람들에게는 일말의 관심도 두지 않는다. 희망버스가 무엇인지, 왜 아직도 노동자들이 자살을 하는지 알고 싶어하지 않는다. 경제 하위층과의 거리를 의도적으로 떨어뜨림으로써 마치 자신들이 1%나 10% 안에 드는 것처럼 착각하는 것이다. 이런 착각에 빠질수록 우리는 점점 더 이기적이 되고 가슴은 치가워진다. 우리의 가슴은 언젠가부터 자신과 돈 이외의 것에 대해서는 무뎌져 버렸다.

르포 작가 희정은 《노동자, 쓰러지다》에서 노동안전보건 단체에서 일하는 사람의 말을 빌려 말한다.

"그는 인간이 일하다 죽는 것을 아파하는 감수성이 우리에게 있어야 한다고 했다. 그 대답이 오래 남은 까닭은 죽음을 하찮게 보도록 연습된 우리 삶 때문이다. 노동자가 일하다 죽는 사회보다 더 문제는 노동자가 일하다 죽는 것을 당연한 것으로 여기는 사회다."

부당함을 봤으면 마땅히 분노해야 하는데 그러지 않는, 나를 비롯한 우리 모두의 가슴. 우리는 감수성을 회복해야 한다. 전태일 열사의 죽음을 가슴 아파했던 따뜻한 인간성을 되찾아야 한다.

헨리 데이빗 소로우는 《시민의 불복종》에서 이렇게 말했다.

"단 몇 사람이라도 절대적으로 선한 사람이 어디엔가 있는 것이 더 중요한 일이다. 왜냐하면, 그 사람들이 전체를 발효시킬 효모이기 때문이다."

다른 이를 위해서 분노할 줄 알아야 한다. 추운 겨울날 높은 철제 빔 위에 올라가 떨어져 죽는 노동자를 위해 슬퍼할 줄 알아야 하고, 그들에게 안전장치 하나 제공하지 않는 기업들에 분노해야 한다. 비싼 대학 등록금 때문에 사회에 나오는 동시에 빚쟁이가 되어 버리는 청년들의 현실에 분노해야 한다. 내 아이뿐만 아니라 옆집 아이가 맞이하는 현실에도 분노할 줄 알아야 한다. 도대체 우리는 왜 가만히 있는가? 자발적 굴종으로 돈과 편안함을 손에 쥐기 때문인가? 그 돈과 편안함은, 다른 누군가의 희생으로 얻어지는 것이라는 사실을 깨달아야 한다.

우리 사회의
노동자

솔직히 고백하자면, 길을 가다가 노동자들이 천막을 치고 투쟁하는 것을 볼 때 힘들겠다는 생각은 해도 그들이 정당하다는 생각은 못 했다. 보통 사람들보다 연봉이 훨씬 높은 사람들이 하는 배부른 투쟁이라든가 귀족 노조라든가 하는 언론의 말에 귀를 더 열었다. 이십대 중반에 《전태일 평전》을 읽으면서 눈물을 흘렸지만, 그건 아주 오래전 일일 뿐 지금 노동자들은 그렇지 않다고 굳게 믿었다.

아마 나만 그랬던 건 아닐 것이다. 대부분은 현재 우리 사회의 노동자들이 얼마나 열악한 환경에서 일하며, 마땅히 받아야 할 대우조차 받지 못한다는 사실을 모르고 있다. 위험한 산업 현장에서 1년에 2,000명씩은 꼭 산업재해로 사망한다는 것도 알지 못한다. 또, 그런 사실을 정부나 기업이 얼마나 조직적으로 은폐·축소하는지에 대해서도 까맣게 모른다. 희망버스의 주인공 김진숙 씨가 주장하듯이 1970년대 전태일의 유서와 그로부터 40년이 지난 오늘날 노동자의 유서가 왜 같은지를 모르고 있다. 기업이 감추고 언론이 알려주지 않는 말도 안 되게 부당한 일들이 여전히 자행되고 있는데도, 그들에게 "힘내세요!"라고 한번 외쳐주지 못했다. 서명운동 한 번, 거리 시위 한 번 동참하지 못했다. 우리 사회의 노동자에 대해 그동안 너무 몰랐다.

누군가에게 "당신은 노동자입니까?"라는 질문을 받았다고 치자. 이 질문에 "네! 노동자입니다!"라고 주저없이 대답할 사람이 얼마나 될까? 대부분은 질문을 받는 순간 망설일 것이다. 우리 사회에서 노동자란 말은 멋지고 근사한 단어가 아니다. 못 배우고 무식한 사람들이 하는 일은 '노동'이고, 양복 딱 차려입고 펜대 굴리는 사무직은 '근로'니까 말이다. 국어사전에서 정의하는 노동자와 근로자는 같은 말인데도, 사람들이 노동자보다 근로자란 말을 더 편히 여기는 이유도 당최 알 수가 없다. 여기에는 사회가 만들어놓은 편견이 존재한다. 노동자에는 흔히 '노가다'라 불리는 육체노동을 하는 사람이란 뉘앙스가 깔렸다. 그래서 노동자라 하면 못 배우고 가난한 사람들이 하는 것이라는 잘못된 인식이 생겼고, 그 때문에 자신이 노동자라는 생각을 못 하는 것이다.

여기서부터 잘못되었다. "노동은 신성한 겁니다"라고 말할 필요조차 없이, 우리 사회를 유지하는 모든 재화는 노동자와 농민이 만들어낸다. 하다못해 우리가 밥을 먹는 식탁에서부터 숟가락, 밥그릇, 타고 다니는 자동차까지 그들의 손을 거치지 않는 것은 하나도 없다. 그렇다면 그들의 노동을 신성하다고까지는 하지 않더라도 마땅히 존중하고 그에 걸맞게 대우를 해주어야 하지 않겠는가. 누군가의 노동이 우리 삶을 이어가게 해주니 말이다.

게다가 엄밀하게 말하면 사실 우리 대부분은 노동자다. 무슨 일을 하든지 간에 자신의 몸을 움직여서 일하고 임금을 받는다면 모두 노동자다. 그리고 우리는 노동자임을 자랑스러워해야 한다. 적어도 부당하게 누군가를 희생시키지 않고, 누군가를 죽음으로 몰아넣지 않고, 내 몸을 움직여 정당하게 돈을 벌고 있으니 말이다.

하지만 우리가 자신을 자랑스러워하지 못하도록 국가와 기업이 막고 있다. 우리나라의 노조 조직률은 2013년 기준으로 10.3%, OECD 국가 중 터키를 제외하고 가장 낮다. 이마저도 법외노조 판결을 받은 전교조를 빼면 9.9%로 떨어져 10% 미만이 된다.

우리나라의 노조 조직률은 1989년 19.8%를 정점으로 해마다 줄어 2011년에 9.9%까지 떨어졌으며 그 후로는 10%대를 간신히 유지해왔다. 이는 우리나라 기업들이 이런저런 이유로 노조를 막거나 탄압하고 있다는 증거이기도 하다. 삼성이란 대기업에 노조가 없다니 말 다 한 거 아니겠는가. 삼성뿐만 아니라 대부분 사업주는 노조를 달가워하지 않는다. 얼마 전에는 전교조가 법외노조라는 판결을 받기까지 했다. 법외노조란 말 그대로 법적 요건을 갖추지 못한 노조라는 뜻으로, 노조로 인정할 수 없다는 의미다. 조합원 중에 해고당한 교사가 포함되어 있다는 것을 이유로 그런 판결이 내려졌는데, 정말 그것이 이유였을까?

북유럽의 나라들은 대부분 노조 가입률이 높다. 이 사실만 봐도 노조 가입률과 한 나라의 경제적 민주화가 깊은 상관관계가 있다는 것을 알 수 있다. 노동자들의 권리를 외면하는 기업과 정부는 결코 국민의 편이 아니다. 헌법에서는 노동 삼권이라 하여 단결권, 단체 교섭권, 단체 행동권을 보장하도록 되어 있지만, 현실에서는 노조를 만들기조차 쉽지 않다. 더구나 언론들은 교묘한 헐뜯기로 마치 노조가 툭하면 파업해서 우리의 일상을 불편하게 하는 것처럼 보도한다. 예컨대 버스 파업을 하면 시민들의 불편만을 집중적으로 보도할 뿐, 왜 그들이 파업에 나섰는지에 대해서는 입을 꾹 다문다.

우리 사회 노동자들의 현실을 알기 위해서 송경동 시인의 《꿈꾸는 자 잡혀간다》나 김진숙의 《소금꽃나무》, 9월의 봄에서 나온

《노동자, 쓰러지다》와 같은 책들은 꼭 한번 읽어봐야 한다. 노동자들의 현실을 제대로 들여다봐야 한다. 그래야 우리의 가슴이 움직일 테니까. 그런 의미로 나를 울게 했던 송경동 시인의 시를 하나 소개한다.

저 하늘 위에 눈물샘자리

흰 물안개 위로 촌로와 동자가

한가로이 노니는 한 폭 그림 뒤 응급실로

흰 거품을 물고 실려간 당신을 생각한다

고향엔 샘 맑은 집도 있다 했던 당신

고향 떠난 맘 안다며

연변교포 황씨 막걸리배 허하지 않게 하고

불법체류 코 꿴 네팔 친구

자상히도 챙기던 당신

당신 혈압이 낙수물마냥 또옥 똑 떨어지고 있다는데

가 볼 수 있는 건 낯선 본사 직원들과 흰 까운들뿐

우린 흙 묻은 안전화를 끌며 계단을 서성이다

후문을 나서 다시 새벽 작업장으로 간다.

의지가지없는 철골 공사장

수십 미터 허공 외빔 위에서 만나면

번갈아 길 터주며 목숨을 나누던 우리

우리도 꼭 한마디

당신께 드릴 말 있을 듯한데

이젠 식어간다는 당신

잘 가시라

가서라도 액자 속 촌로와 동자처럼

흩어진 식솔들 모아 편안하게 잘 사시길

잘 가시라

가서라도 이 추운 겨울 새벽 7시 같은 날

다시 수십 미터 허공 위 얼어붙은 빔을 타라 한다면

그가 옥황상제라도 면상을 걷어차 버리시길

잘 가시라

으깨진 눈두덕에 맺혔던 피눈물일랑 우리 눈에 다 주고

한땐 4H 영농후계자

최씨 아저씨 잘 가시라

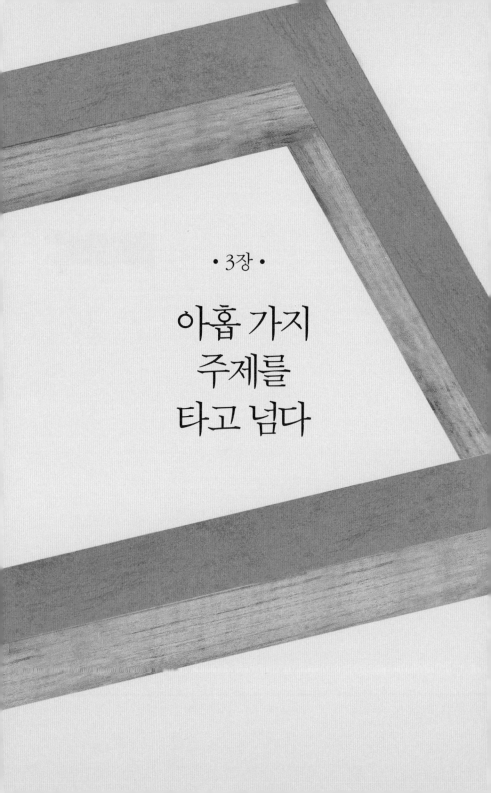

· 3장 ·

아홉 가지
주제를
타고 넘다

제대로 모르는
자본주의

어느 날, 초등학교 5학년인 작은아이가 물었다.

"엄마, 우리나라가 자본주의예요?"

"그렇지. 근데 자본주의가 뭔지는 알아?"

아이가 고개를 갸웃하면서 대답했다.

"음, 그냥 돈이면 다 되는 세상 아닌가요?"

"뭐? 그게 말이지…."

다음에 뭐라고 말해야 할지 순간적으로 고민이 되었다. 사실 개념을 제대로 모르는 아이 입에서 나온 말치고는 너무나 정확하다는 생각도 들었다. 하지만 그렇게만 알고 있으면 안 되겠기에 설명을 좀 덧붙여줬다.

"돈이 중요하긴 하지만, 돈이면 다 되는 게 자본주의라고 말할 수는 없지. 원래 자본주의는 개인이 재산을 가질 수 있는 것에서부터 여러 가지 다른 의미도 많거든."

"으응? 그게 무슨 말이에요?"

아이는 이해할 수 없다는 눈으로 나를 바라봤다. 아이를 보며 아마 어른들도 이렇게 단순화해서 생각하겠구나 싶어졌다. 사실 주위에서 돈이면 다 되는 세상, 돈에 미쳐가는 세상이라고 말하는 것을 많이 들었으니 아이도 그랬던 것 아닐까?

"근데, 그건 어디서 들었어?"

"웹툰에서 봤어요."

둘째 아이는 웹툰 작가가 꿈이다. 그래서 웹툰을 자주 본다. 웹툰은 사회 비판적인 것에서부터 다양한 소재를 다루는데, 어떤 스토리 중에 아이의 기억에 남은 부분이 있었나 보다. 내친김에 더 말해줘야겠다는 생각이 들었다.

"그럼 민주주의는 뭔지 알아?"

아이는 잠시 생각하더니 이내 대답했다.

"음…. 자본주의랑 같은 말 아니에요?"

이때다 싶었다.

"민주주의는 국민이 대통령을 뽑고 의견을 자유롭게 말할 수 있는 제도를 말하는 거야. 자본주의랑 다르지?"

아이는 한 손으로 주먹을 만들어 다른 손바닥을 내리치며 짓궂게 말했다.

"아하! 그렇구나."

초등학교 아이니까 이 정도만 알고 있어도 아무 문제가 없을 것이다. 그런데 어른들이 정치나 경제 개념을 제대로 몰라도 될까? 우리는 기본 개념을 아는 것을 소홀하게 여긴다. 왜냐하면, 대충은 아니까. 하지만 개념을 정확히 아는 것은 정말 중요하다. 개념이 기본이기 때문이다. 개념을 확실하게 알면 그 외의 것들이 더 잘 이해된다. 기초가 튼튼해야 한다는 말을 아이들에게는 열심히 하면서 정작 어른들은 자신이 살아가는 사회구조의 기본 개념을 알려고 하지도 않는다.

우리가 사는 세상이 어떤 곳인지를 알기 위한 사회 공부를 해야 한다. 연예인들이 들고 서 있는 명품백이 얼마나 비싼지는 너무나 잘 알면서도, 왜 그렇게 비싼지에 대해서는 몰라서야 되겠는가. 그것이 불평등의 시작일 수도 있는데 말이다. 아는 만큼 보인다고 했다. 누군가는 이런 개념을 몰라도 사는 데 아무 지장 없다고 말할지도 모른다. 일견 맞는 말처럼 들린다. 하지만 사실은 지장이 생겨도 모르고 지나가기 때문에 그렇게 생각하는 것이다. 알고 나면 얼마나 많은 지장을 받고 살았는지 알게 될 터이다.

아무튼 다시 자본주의 이야기로 돌아가서, 만약 아이가 다음과 같은 질문을 한다면 잘 대답할 수 있을까?

"엄마, 자본주의는 언제부터 시작된 거예요?"

아마 사회 선생님이 아니라면 이걸 알고 있는 경우는 별로 없을 것이다. 자본주의는 18세기 중엽에 영국과 프랑스를 중심으로 시작되었고, 산업혁명에 의해서 자리를 잡았다. 이 말은 결국 자본주의는 물질문명과 함께 시작되고 성장했다는 뜻이다. 자본주의의 본격적인 발달은 19세기에 들어 독일과 미국 등으로 번져나가면서 이뤄졌다. 그러니 자본주의의 역사라고 해봐야 겨우 200년이 조금 넘었을 뿐이다. 그 짧은 역사 동안 현재 지구상 대부분 나라들의 경제 체제로 자리 잡은 걸 보면 자본주의의 힘이 얼마나 센지를 알 수 있다.

자본주의를 사전적으로 정의하자면 '이윤추구를 목적으로 하는 자본이 지배하는 경제 체제'라 할 수 있다. 여기서 가장 주목해야 할 것은 바로 '자본'이라는 단어다. 왜냐하면 자본주의의 괴력이 이 '자본'에 있기 때문이다. 자본은 모든 물건이나 그 물건을 생산해내는 데 드는 밑천, 그러니까 한마디로 '돈'이라는 말이다. 돈이 있어야 공장을 세우고, 노동자들에게 임금을 지불하고, 생산한 상품을 팔아서 이윤을 얻을 수 있다.

초기 자본주의에서는 눈에 보이는 유형의 상품을 주되게 생산하고 거래했다. 그러다가 점차 무형의 상품이 늘어났고 급기야 '금융', 말하자면 '돈으로 하는 장사'가 발달하기 시작하면서부터 체제의 폐해가 극명히 드러났다. '돈이 돈을 버는 세상'이 되어가기 시작했단 뜻이다. 눈에 보이는 제조 상품만이 아니라 눈에 안 보이는 금융상품을 만들어내고 팔게 되면서 자본이 더 빠른 속도로 '축적'되기 시작했다.

돈이 한쪽에 쌓인다는 말은 어느 한쪽만 부자가 되어간다는 것이고, 상대적으로 다른 한쪽은 점점 가난해진다는 뜻이기도 하다. 자본주의는 '풍요'를 낳았지만 동시에 '불평등'도 만들어냈다. 이것이 현대 자본주의의 가장 큰 특징 중 하나다.

자본주의 개념에서 기억해야 하는 것은 '사유재산'과 '노동력'이다. 이 두 가지가 바로 자본주의의 핵심이다.

첫째, 자본주의는 사유재산제라는 기본 설정으로 인해 인간의 욕망에 날개를 달아줌과 동시에 불평등을 기본 전제로 깔게 되었다. 자본주의가 '개인주의'라 불리는 가장 큰 이유가 바로 이 사유재산제 때문이다. 자본주의가 이렇게 번성하게 된 밑바탕에는 '인간의 욕망'이 존재한다. 제한된 사람에게만이 아니라 '능력'이 되는 모든 인간이 욕망을 키울 수 있다는 달콤한 이론이야말로 자본주의가 세상을 지배하게 된 가장 큰 이유다.

하지만 이런 능력주의는 초기 자본주의에는 해당되었으나, 자본이 축적되고 세습되면서부터 무의미해졌다. 능력주의를 뛰어넘은 새로운 신분제도가 생겨났다고 할 수 있으며, 그것이 세습된다는 점에서 중세 신분제와 크게 다르지 않아 보인다. 중세 시대의 신분제와 틀은 다르지만 견고함은 결코 다르지 않다. 현대 자본주의 시스템은 자본을 기준으로 하는 새로운 신분 체계를 만들어내고 있다.

둘째, 자본주의의 핵심은 '노동력'이다. 다시 말해 자본주의는 노동력이 상품화된 사회다. 초기 자본가는 노동자들의 노동력으로 자본을 모을 수 있었다. 물론 지금도 마찬가지다. 노동자들의 노동력이 없다면, 부자는 존재하지 않는다. 여기서 노동자는 공장에서 일하는 사람만을 말하는 것이 아니라, 대기업이든 공무원이든 자신의 노동을 제공하여 돈을 받는 모든 사람을 말한다. 하지만 부자들은 다르게 생각한다. 자신들의 자본이 있기에 노동자가 있다고 생각하는 것이다. 이런 관점의 차이를 좁히지 않는 한 자본가와 노동자가 평등하게 상생하는 세상은 아마 오지 않을지도 모른다. 이 차이를 좁히기 위해서는 결국 '인간의 욕망'으로 돌아가야 한다. 그러나 기업가나 자본가가 욕망을 줄이기란 결코 쉽지 않은 일이다. 그래서 자본주의 경제 체제가 앞으로 어떻게 변할지 예측하기가 더욱 어렵다.

하지만 기억해야 한 것은 역사는 늘 변화해왔다는 사실이다. 현

대 자본주의가 자본주의의 끝을 향해 달리고 있다는 평가를 듣고
있는 터이니 변화는 어떻게든 일어날 것으로 보인다.

하나도 모르는 신자유주의

여기저기서 몇 번은 들어봤을 단어, '신자유주의'. 특히 TV 토론 같은 데서 논객들이 온갖 아는 척을 해가며 하는 말 중에 꼭 나오는 단어다. 하지만 그 많은 논객과 정치인들은 평범한 사람들이 알아듣기 쉽게 설명해주는 법이 없다.

도대체 신자유주의란 뭘까? 신자유주의는 새로움을 뜻하는 '신'이 붙은, 말 그대로 '새로운 자유주의'라는 뜻이다. 그렇다면 그 이전에 자유주의가 있었다는 말이 되는데, 그럼 '자유주의'는 또 뭘까? 먼저 자유주의든 신자유주의든 둘 다 자본주의를 말하는 개념이라는 점을 알고 넘어가자. 그러니 이 둘을 이해하기 위해서는 지본주의의 흐름을 먼저 살펴봐야 한다.

자본주의가 시작되기 전에 '봉건제'가 있었다. 알다시피 봉건제는 귀족들이 지배하던 신분제 사회였다. 왕과 귀족이 자신들의 신분을 유지하기 위해 권위를 강조하고 계급을 세습하여 평민이 개인 역량을 발휘할 수 없도록 억압했다. 이런 사회에서 귀족이 아닌 평민들에게 '자유'는 없었다.

결국 자유를 찾기 위한 시민혁명이 일어나고 봉건제가 무너졌는데, 그때 평민들이 주장한 것이 바로 자유주의였다. 자유주의는 쉽게 말해 개인의 자유를 중요하게 생각하는 사상이다. 봉건제하에서 이루어지던 자유에 대한 모든 구속이나 억압에 저항하는 사상이나 운동을 말한다. 이 사상이 초기 자본주의의 시장 원리에 적용되었고, 이후 '정부는 시장에 개입하지 않는다'는 원칙을 경제 원리로 삼으면서 '자유방임주의'로 불리게 됐다.

하지만 시장에 자유를 부여하자 그 반대의 문제가 생겼다. 불균형적 발전이 이루어지고 부자는 더욱 부자가 되는 반면, 가난한 이들은 끼니 걱정에서 벗어나지 못했다. 결국 1929년에 미국에서 대공황이 일어나 모든 경제 현상이 얼어붙고 말았다. 이에 루스벨트, 케인스, 닉슨, 카터를 중심으로 자본주의를 수정하게 된다. 수정자본주의의 핵심은 정부가 시장에 적극적으로 개입하여 소득 평준화와 완전고용을 이룸으로써 복지국가를 지향한다는 것이다. 수정자본주의를 요약하면 '정부는 언제나 옳다'가 된다.

그러나 1970년대 이후 석유 파동을 비롯하여 세계적인 불황이 닥치면서 수정자본주의에 대한 반론이 제기된다. 결국 또다시 수정이 필요하다는 합의에 따라 새로이 대두한 것이 바로 신자유주의 이론이다. 신자유주의의 핵심은 '시장은 언제나 옳다'라는 문장으로 요약할 수 있다. 초기 자본주의 이론처럼 시장에 자유를 주어야 한다는 것이 요점이기 때문에 새로운 자유주의, 즉 신자유주의가 된 것이다.

신자유주의는 미국의 시카고학파로 불리는 학자들이 주장하여 닉슨 행정부 경제정책에 반영되었고, 이후 로널드 레이건 대통령의 대표적인 경제정책인 '레이거노믹스'의 근간이 되었다. 영국의 마가렛 대처 수상도 신자유주의 정책을 적극 받아들여 '대처리즘'을 만들어냈다.

1980년대에 영·미 양국 정상은 의기투합하여 신자유주의 정책을 강력하게 추진했으나, 머지않아 그로 인한 수많은 문제가 드러남으로써 비난을 받았다. 왜냐하면 신자유주의는 초기 자본주의처럼 단순히 정부가 시장에 개입하지 않는다는 정도를 넘어, 모든 것을 시장에 넘겨버렸기 때문이다. 그야말로 시장사회를 만든 것이다.

신자유주의자들은 국가권력의 시장 개입이 경제의 효율성과 형

평성을 떨어뜨린다고 주장했다. 하지만 지금의 경제적 불평등을 보면 그 주장이 완전 반대의 결과를 낳았다는 것을 인정해야 할 것이다. 게다가 공공복지의 확대는 정부 재정을 팽창시킨다고 주장하며 공공복지의 재정을 축소시켰는데, 그 결과 사회적 안전망은 사라지고 출구를 잃어버린 사회적 약자들을 방치하게 됐다.

또, 신자유주의자들은 자유무역과 국제적 분업이라는 말로 국가 간의 시장 개방을 주장했다. 이른바 '글로벌리즘'이라 불리는 '세계화'나 '자유화'라는 용어도 모두 신자유주의의 산물이다. 이로 인하여 세계무역기구(WTO)나 한때 많이 들어봤던 우루과이라운드 같은 다자 간 협상을 통한 시장 개방 압력이 나타났다. 세계화는 신자유주의에서 아주 중요한 자리를 차지하는 개념이다. 세계화, 즉 글로벌리즘은 금융 시장의 개방에도 주력했는데, 이로써 자본가들은 자기네 나라에서만이 아니라 다른 나라에서도 투자를 할 수 있게 되었다. 투자라는 말에는 '이익'이라는 자본주의적 경제 개념이 항상 따라다닌다는 것을 잊으면 안 된다. 자본가들에게 중요한 것은 언제나 이익이다. 다른 나라에 투자하여 손해를 보는 경우도 있겠지만, 그들이 원하는 것은 이윤의 창출이기 때문에 어떤 식으로든 이익을 남긴다.

그런데 자본가들은 왜 다른 나라에 투자를 할까? 그 나라의 경제를 활성화시켜주기 위해서? 그렇게 착한 자본이 있다면 왜 아직도 아프리카에서는 아이들이 굶주림과 질병으로 15초에 한 명씩 죽어가겠는가? 자본이 다른 나라로 진출하는 것은 바로 자기 나라에서는 더는 이익이 나지 않기 때문이고, 다른 나라에서 더 많은 이익을 얻을 수 있기 때문이다. 자본 시장의 세계화는 잘사는 나라와 못사는 나라의 격차를 점점 더 벌려놓았다.

신자유주의에서 주목해야 할 것은 바로 '노동 시장의 유연화'다. 수정자본주의하에서 케인스의 이론이었던 완전고용은 신자유주의의 도입과 함께 폐기되었다. 그 명목이 바로 '노동 시장의 유연화'였다.

노동 시장의 유연화란 쉽게 말해 한 사람이 어떤 기업에 고용되면 평생 근무할 수 있는 고정적인 상태를 '유연하게', 그러니까 고정적이지 않은 상태로 바꾸는 것이다. 결국 수많은 노동자가 비정규직으로 전환되었고, 언제 직장을 잃을지 모르는 고용의 불안 속에 내던져졌다.

또한 비정규직으로의 전환은 노동자들의 삶의 질을 저하시켰다. 비정규직이 되면서 상여금과 수당 등이 삭감되어 노동자들의 임금이 줄어들었기 때문이다. 임금 삭감은 곧 가계의 불안정을 말하는 것이니 노동자들의 생활이 팍팍해지는 것은 당연한 결과다. 게다가 비정규직은 노동조합에 가입하기 어렵게 만들어놓은 노동규약 때문에 사실상 노조 활동도 하기 어렵다. 결론적으로, 노동 시장의 유연화란 사용자들의 이윤 창출에는 도움이 되었을지언정 노동자들에게는 전혀 도움이 되지 않는 정책이다.

또, 신자유주의는 정부가 관장하거나 보조해오던 영역들을 민간에 이전했다. 잘 알려진 것처럼 공기업들이 줄줄이 민영화되면서 많은 노동자를 해고했다. 민영화는 이윤이라는 가장 큰 목적에 해가 되는 것은 모두 잘라낸다. 이것이 신자유주의가 만들어낸 정책들이다. 신자유주의가 시작되면서 비로소 자본주의의 실체가 드러났다고 해도 과언이 아니다. 자본주의는 시작부터 불평등이라는 조건을 달고 태어났는데, 거기에 신자유주의가 현대 자본주의의 저울을 한쪽으로 더 심하게 기울이고 있다.

무엇보다 이런 상황은 민주주의에 해가 된다. 민주주의의 기본 정신은 '평등'과 '자유'다. 그런데 신자유주의는 '경쟁'을 부추기므로 평등을 해칠 수밖에 없다. 남들보다 앞서야 하는 경쟁 상황과 평등이 어떻게 양립할 수 있겠는가. 이런 세상에서 그 누가 진정으로 자유로울 수 있을까? 신자유주의는 이름만 그럴싸할 뿐 실제로는 인간의 자유는 오히려 없애버리고 말았다. 민주주의 정신에 맞는 자유·평등의 민주사회를 실현하려면 자본주의가 가진 '개인주의'를 타인을 생각하는 '우리주의'로 바꾸어야만 한다.

지금이야말로 민주주의 정신을 해치는 신자유주의에 대해 다시 생각해야 하는 시점이다. 전 세계적인 현상이지만 이미 물질이 주는 단물에 흠뻑 빠진 경제 지배층은 변하려 하지 않는다. 오히려 지금 체제를 유지하기 위해 갖은 방법을 동원한다. 그럼 누가 이 신자유주의의 방향을 틀어야 할까? 바로 우리다. 국민이다. 다수의 대중이다. 이제는 다른 세상을 꿈꾸어야 한다. 신자유주의가 가져온, 양극화가 심해지고 경쟁에 찌든 사회와는 다른 세상을 말이다.

어설프게 알고 있는
민주주의

대한민국은 민주주의를 표방하는 국가다. 이 사실은 누구나 알고 있다. 더 정확하게는 '자유민주주의' 체제 국가다. 그럼 민주주의와 자유민주주의는 다를까? 조금 다르다. 자유민주주의는 자유주의와 민주주의가 결합한 정치 원리나 정부 형태다. 인간의 존엄성을 바탕으로 하여 개인의 자유와 권리를 보장하는 헌법을 만들고, 국민에 의해 민주적 절차로 선출된 대표자들이 입헌주의하에서 의사결정을 하는 체제를 말한다.

자유주의는 간단하게 말해 개인의 자유를 존중하는 사상이다. 그런 이유로 국가나 어떤 제도가 가지고 있는 구속력이나 간섭을 배격한다. 이런 사상을 바탕으로 두고 있기에 집단보다는 '개인'을 중요하게 여긴다. 이런 맥락은 자본주의의 속성인 개인주의와도 맞아떨어지므로 자유주의는 자본주의를 실행하기에 가장 적합하다고 볼 수 있다.

여기서 주목해야 할 것은 '민주주의'라는 개념이다. 국가가 무엇을 하고자 결정하는 권력을 주권이라 하는데, 민주주의란 그 주권이 국민에게 있는 정치제도를 말한다. 더 나아가면 독재에 대응하는 말이기도 하다. 민주주의(democracy)는 그리스어의 'demo(국민)'와 'kratos(지배)'가 합쳐진 말로 '국민의 지배'를 의미한다. 개인과 국민에는 차이가 있는데, 국민이라는 단어는 집합명사다. 즉, 민주주의는 국민 개개인보다는 집단적인 개념의 국민을 위주로 한다.

문제는 민주주의가 그렇게 단순하고 명료한 것이 아니라는 점이다. 민주주의는 일종의 사상으로, 눈에 보이지 않는 일종의 가치다. 그래서 어떤 상태를 가지고 민주주의가 잘 실현되고 있다고 판단해야 하는지 모호하기도 하거니와 뚜렷하게 드러나지 않을 때도 있다. 우리가 투표권을 행사하여 5년에 한 번씩 대통령을 뽑고, 4년에 한 번씩 국회의원을 뽑으면 민주주의인 걸까? 민주적으로 절차를 밟고 있으면 민주주의가 잘 실현되고 있는 걸까?

이런 측면에서 절차적 민주주의와 실질적 민주주의와는 차이가 있을 수 있다고 말한다. 민주주의라는 개념을 선거 형식 정도로 어설프게 알고 있어서는 실체를 파악하기 어렵다. 그러므로 국민이 깨어 있어야 한다. 민주주의를 방해하는 요소들을 파악하고 민주적인 정치가 실질적으로 이루어지고 있는지 판단할 수 있도록 세상을 보는 눈이 필요하다.

학창 시절 사회 시간에 민주주의를 이루는 기본 원리로 국민 주권, 입헌주의, 삼권 분립, 다수결의 원칙 등을 배운 걸 기억할 것이다. 그중에서 다수결의 원칙에 대해 생각해보자.

정치에서 민주주의를 최초로 구현한 곳은 초기 그리스의 아테네였다. 아테네에서는 시민권을 가진 남자들이 다수결의 원칙 아래 정치적 사항을 결정하는 데 직접 권한을 행사했다. 당시 아테네는 장차 참주(독재자)가 될 우려가 있는 사람을 국외로 강제 추방하는 도편추방제라는 제도도 갖추고 있었다. 도편, 즉 도자기 조각에 위험 인물의 이름을 적어 비밀투표를 하는 방식이었다. 기원전 6세기 말의 일이니 2,500년도 전에 이미 민주주의를 구현하고 있었던 셈이다.

아테네에서 이런 직접민주주의가 이루어질 수 있었던 건 작은 도시국가였다는 점도 있다. 규모만으로 민주주의의 정도를 따진다는 것은 무리가 있을 수도 있지만, 학자들은 진짜 민주주의가 실현되었던 유일한 도시국가로 아테네를 뽑는다. 현재 대부분의 민주주의 국가에서는 정치적 의사결정 과정에 국민 개개인이 직접 참여하지는 않는다. 국민이 선출한 대표, 즉 국회의원들에게 권한을 위임하여 결정을 대신 하게 하는데 이를 '대의민주주의'라 한다.

아이러니하게도, 민주주의의 근간이라고 하는 국민의 투표권과 다수결의 원칙이 오늘날 오히려 민주주의의 함정이 되고 있다. 프랑스의 실존주의 철학자이자 문학가인 장 폴 사르트르는 대의민주주의를 '바보들을 위한 덫'이라고 말하기도 했는데, 오늘날의 정치가들이 소수가 다수가 되는 뒤바뀐 정치를 보여주고 있기 때문이다. 우리가 선출한 국회의원들만 보더라도 다수, 즉 국민을 대변하기보다는 소수, 즉 정치·경제 권력을 가진 이들만을 위한 정치를 하고 있지 않은가. 이러한 오늘날의 민주주의는 '소수결의 원칙'이라고 다시 이름 붙여야 하지 않을까 싶을 정도다. 다수 민중의 의견이 묵살당하는 것은 절대 진정한 민주주의가 아니다.

국민이 선거에 적극적으로 참여할 때는 변화의 의지가 있을 때다. 현재 우리나라의 투표율은 종류를 불문하고 모두 낮은데, 이는 그만큼 국민이 무력감에 빠져 있다는 증거다. 아무리 해봐야 이 썩어빠진 세상은 변하지 않는다는 무력감 말이다. 그렇지만 우리가 권력이나 폭력, 돈의 힘에 '침묵하는 다수'가 되어버리는 이상 민주주의가 후퇴하는 것은 당연하다. 민주주의는 거저 주어지지 않는다.

얼마 전에 '김영란 법'이 이슈가 되었다. 김영란 전 국민권익위원장이 추진했던 법안으로 정확한 명칭은 '부정청탁 금지 및 공직자 이해충돌 방지법'이다. 즉, 공직자가 1회 100만 원, 연 300만 원을 초과하는 금품 등을 받으면 직무 관련성이 없더라도 형사 처벌하도록 하는 법안이다. 하지만 국회의원들은 이 법안을 통과시키지 않고 있다. 그 이유가 뭐겠는가. 자신들에게 불이익이 된다고 본 것 아니겠는가. 이는 곧 뒷돈을 받아 챙기겠다는 '굳센 의지의 표현'이라고도 할 수 있고 말이다. 이것만 봐도 과연 대의민주주의가 민주주의를 실현하는 올바른 방법인가에 대해 의구심이 들 수밖에 없다.

만약 이 법안을 국민투표에 부친다면 어떤 결과가 나올까? 아마 절대 부결되지는 않을 것이다. 오늘날 이 대단한 '소수'는 '다수'의 권익을 반드시 대변하진 않는다. 이것이 현재 민주주의의 실체다. 어쩌면 대의민주주의야말로 민주주의를 실현하기에 최악의 조건인지도 모른다.

그렇다 해도 현실적으로 대의민주주의는 피할 수 없으며, 선택할 수 있는 가장 나은 방법이기도 하다. 문제는 대의민주주의라는 말에 걸맞게 모든 국민을 대변할 수 있어야 한다는 것이다. 진정한 대의민주주의가 실현되려면 각계각층에서 국회의원이 나와야 한다. 노동자도 국회의원이 되어야 하고, 장사꾼도 국회의원이 되어야 하고, 주부도 국회의원이 되어야 한다. 사람은 자신이 경험하지 않은 세상에 대해 진정으로 이해하기 어렵다. 그런 점에서 우리나라 국회의원 300명 중에 진짜 노동자 출신은 없다는 사실은 시사하는 바가 크다.

그 연장선에서 경제인들의 정계 진출에 대해서도 생각해봐야 한다. 이제 성공한 기업인은 정치에 입문하는 것이 아주 흔한 일이 됐다. 경제인들이 정치에 뛰어드는 것이 잘못되었다는 것이 아니라 유독 경제인들의 정치 입문이 늘어나고 있다는 게 문제다.

캘리포니아 대학교의 정치학과 웬디 브라운 교수는 《민주주의는 죽었는가?》라는 책에서 현대 민주주의에서 이루어지는 세력 배치에 대해 이렇게 언급했다.

> "민주주의의 가장 중요한 아이콘인 자유선거는 정치자금을 마련하는 스펙터클에서부터 표적 유권자 '동원'에 이르기까지 마케팅과 경영의 서커스가 되고 있다. 투표를 전자제품 브랜드 선택과 매한가지로 보는 세련된 선거 마케팅 전략에 시민들이 놀아나면서, 정치적 삶은 점차 미디어와 광고의 성공으로 환원된다. (…) 대학의 정치학과가 경영대학과 경제학과에서 교수진을 끌어와 날로 팽창하듯이, 정부 내에 CEO의 숫자가 늘어나는 것도 하등 놀랍지 않다."

경제인이 정치를 잘 한다는 근거는 어디에도 없음에도 그들의 정계 진출은 갈수록 당연시되고 있다. 이는 곧 국회에서 정책을 만들 때 그 분야의 이익을 지켜줄 사람들만 많아지게 된다는 말이다. 이것이 진정한 대의민주주의일까? 우리는 그동안 민주주의를 단지 교과서에 기록된 하나의 단어로만 여기고 살지는 않았을까. 민주주의는 다수가 행복해야 한다. 그런 점에서 '국민행복지수'를 높이는 것이야말로 민주주의가 나아가야 할 방향이 아닐까.

국민행복지수는 1970년대에 부탄에서 탄생한 개념으로 국가의 질을 물질적·정신적 성장 양면에서 측정하는 방식이다. 교육, 심리적 안정, 건강, 시간 활용, 좋은 정부, 생활 수준 등 9개 영역에 걸쳐 33개 세부 항목이 마련되어 있으며 국가에서 정책을 시행하고자 할 때 이 기준에 맞춰 심사한다. 기준에 미달하면 당연히 추진할 수 없다. 예컨대 온 국민이 반대하는데도 4대강 삽질을 한다거나 하는 일은 일어날 수가 없다. 실제 부탄은 세계에서 국민이 가장 행복한 나라로 꼽히고 있는데, 이들이 생각하는 바는 이것이다. '정부가 국민의 행복을 창출해낼 수 없다면, 그 정부는 존재 가치가 없다.'

부탄에서 주목해야 할 것은 체제가 아니라 '사람'이다. 한 사람의 지도자가 국민을 진심으로 생각하는 정치철학에 따라 국민 삶의 질이 얼마나 달라질 수 있는지를 부탄의 국왕은 몸소 보여주었다.

한 예로 국왕도 평민이 사는 집과 같은 집에서 산다. 지배 권력층이 가지는 훌륭한 철학은 어떤 사회 체제나 시스템도 능가한다. 물론 부탄이 규모가 작은 나라이기에 가능한 일일지도 모른다. 그러나 '나'보다는 '우리'를 진심으로 생각하는 것이 진정한 민주주의를 만드는 밑거름인 것만은 확실하다.

알려고 하지도 않았던
사회주의

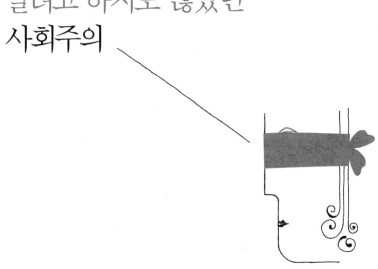

어느 날, 같이 뉴스를 보던 아이가 말했다.

"엄마! 우리나라에서 태어나서 정말 다행이에요."

"으응…. 근데 왜?"

"우리나라는 자유롭잖아요. 근데 북한은 너무 무서운 곳이래요."

교육이란 참 중요하다. 사람의 사고방식에 많은 영향을 끼치기 때문이다. 교육하는 이가 잘못된 지식이나 진실을 알려주었을 때 그것을 바로잡으려면 상당한 시간이 걸린다. 시간이 걸리더라도 바로잡을 수만 있다면 그나마 낫지만, 지금 알고 있는 것이 잘못된 것임을 인식하기란 쉬운 일이 아니다. 정신세계의 틀을 깨는 일이기 때문이다. 그러기에 처음부터 바르게 아는 것이 중요하다.

나 또한 어렸을 때, 우리나라가 북한과 같은 공산주의가 아니어서 얼마나 다행인가 생각했더랬다. 그렇게 받은 교육의 문제점은 '사회주의'라는 단어를 떠올리는 방식에서 드러난다. 나를 포함한 많은 사람이 사회주의를 공산주의와 같은 개념으로 생각한다. 제도권 교육에서 그런 가르침을 받아서이기도 하지만 대중매체에서 좌파를 빨갱이로, 공산주의를 사회주의와 같은 말로 둔갑시켜버리는 데서 더 틀어진 것이다. 정확히 말하면 사회주의와 공산주의는 다르다.

공산주의는 카를 마르크스와 프리드리히 엥겔스에 의해서 만들어진 사상으로 '코뮤니즘(communism)', 즉 재산의 공유를 뜻한다. 그러므로 공산주의는 사유재산제를 철저히 없애고 모든 사람이 재산을 공동 소유하는 사회제도다. 그러기 위해 지배 계급(부르주아)과 피지배 계급(프롤레타리아)의 투쟁을 기본으로 하고 있으므로 그 행보가 투쟁적이고 급진적이어서 수많은 희생을 가져왔다. 게다가 개인보다는 집단을 우선시했기 때문에 경직된 사회 분위기를 만들어냈다. 그런 철저함에도 구소련의 붕괴로 공산주의는 몰락했고, 이로써 인간의 본성과 전혀 맞지 않는 제도였음이 드러났다.

이와는 조금 다르게 사회주의는 산업이 발달함에 따라 발생한 불평등과 빈곤에 저항하여 등장한 사상이다. 모든 재산은 공동 소유하는 공산주의와는 달리 사회주의는 생산 수단의 공동 소유와 관리 그리고 계획적인 생산과 평등한 분배를 주장한다. 하지만 알다시피 1990년대 사회주의 국가의 잇따른 붕괴로 이마저도 해결책이 아니었음이 드러나게 되었다. 인간의 욕망은 결국 사적 재산을 소유해야 움직인다는 사회심리학적인 결론과 어느 체제든 완벽한 사회적 정의는 없다는 조금은 서글픈 결론을 얻었을 뿐이다.

사회주의 국가 정부들이 생산수단을 공유하지 않고 독점을 한 탓에 사회정의는 실현되지 않았고 빈곤만 남았다. 그럼에도 사회주의 시절의 평등한 가난이 자본주의하에서의 불평등한 가난보다는 속 편했다고 말하는 사람들이 있는 것을 보면, 자본주의의 경제적 불평등이 가지는 문제점이 절대 가볍지 않음을 알 수 있다.

일찍이 이런 문제점을 간파한 19세기 사회 사상가들은 자본주의 사회에서 발생하는 여러 모순과 병폐의 원인으로 개인주의가 왜곡되어 나타나는 이기주의를 꼽았다. 현재 전 지구적으로 나타나고 있는 자본의 집중과 실업 및 빈곤의 증대, 끊이지 않는 전쟁 등이 모두 그 때문이라는 것이다. 이를 해결할 수 있는 것은 무엇일까? 그것이 바로 자본주의와 사회주의 사이에서 대안을 찾아낸 사회적 민주주의다.

사실 우리가 관심을 가져야 할 것은 사회주의가 아니라 사회민주주의다. 생산수단의 사회적 소유와 관리를 주장한다는 점에서는 사회주의와 통하고, 그 실현 방법은 민주적이어야 한다는 점에서 민주주의와 통한다. 무엇보다 사회민주주의를 일부 도입하고 있거나 상당 부분 도입한 국가들이 자유민주주의를 내세우는 나라들보다 복지나 국민의 행복지수 면에서 높다는 점에 주목해야 한다. 북유럽의 스칸디아반도 국가인 핀란드, 덴마크, 노르웨이, 스웨덴 등이 대표적이다. 물론 그 나라들도 신자유주의의 영향으로 '제3의 길'이라는 이름으로 시장경제를 일부 도입하며 변질되었다는 비판을 받고 있긴 하다. 그럼에도 국민의 삶의 만족도에서 앞서가고 있다는 점은 틀림이 없다.

자본주의의 경제 체제는 개인의 이윤추구를 최우선으로 하기 때문에 경쟁이 필수적이고, 그래서 개인주의가 심화될 수밖에 없다. 하지만 사회민주주의는 개인주의보다는 우리주의에 더 가깝다. 이렇게 생각하면 사회주의에 대한 근거 없는 거부감이 조금은 가셨을 것이다. 또한 사회민주주의는 '우리'를 생각하는 관점이므로 평등을 중시한다. 사회가 평등하려면 무엇보다 사회정의가 실현되어야 한다.

지금 우리는 극심한 경제적 불평등 앞에서 좌절하고 있다. 무너진 사회정의를 어떻게 회복할 것인가에 대해 고민해야 한다. 여기서 먼저 생각해봐야 할 것은 이거다. 과연 개인의 힘으로 사회정의가 실현될까? 한 개인이 신호등 앞에서 파란불이 된 때까지 기다리면 사회정의가 실현될까? 절대 그렇지 않다. 사회정의는 개인의 힘이 아니라 사회제도에서 시작되어야 한다.

미국의 사회주의 운동가 앨런 마스는 《왜 사회주의인가?》에서 과학자 스티븐 제이 굴드의 말을 빌려 주장한다.

"인간의 두뇌는 굉장히 유연하기 때문에 인간은 얼마든지 사나울 수도 있고 온순할 수도 있고, 지배할 수도 복종할 수도 있으며, 모질 수도 너그러울 수도 있음을 알면서도, 굳이 공격성이나 악의를 나타내는 특정 유전자를 상정할 필요가 있겠는가? 폭력과 성차별, 일반적 악의는 인간이 할 수 있는 행동의 범위 내에 존재한다는 점에서 생물학적이다. 그러나 평화, 평등, 상냥함도 마찬가지로 생물학적이고, 우리가 이런 성질들이 꽃필 수 있는 사회구조를 만들어낸다면, 이 좋은 성질들의 영향력도 커질 것이다."

싱가포르가 아시아에서 국가 청렴도 1위를 유지하는 이유가 싱가포르 국민 개개인이 생물학적으로 그런 성질을 타고났기 때문이 아니라는 말이다. 그 나라의 사회제도가 강력한 부패방지 정책을 취하고 있기 때문이다. 이는 개인보다는 집단의 이익을 더 중시하는 것이 사회적 정의를 실현하는 방법이라는 증거다. 지금 상황으로만 본다면 사회주의와 민주주의의 결합인 사회민주주의가 가장 이상적으로도 보인다. 그러기 위해선 무엇보다 우리 사회에 만연한 사회주의라는 단어에 대한 반감부터 없애야 한다. 객관적으로 검증해보지도 않고 무조건 터부시했던 정치 개념에 대해서 제대로 알아야 하는 이유가 바로 이것이다. 지금 우리 사회가 최선이라고 말하는 조작된 논리에 더는 휘둘리지 말아야 한다.

더 나아가 저 북유럽의 국가들을 부러워만 할 것이 아니라 그 나라들의 좋은 시스템을 적극적으로 공부하여, 받아들일 것은 받아들여야 한다. 그러기 위해선 다수의 국민이 사회제도의 개선을 위해 요구하고 연대해야 한다. 우리가 원하는 세상을 만들고 싶다면 그 노력이 위에서부터 시작되기를 바라는 순진한 기대에서 벗어나야 한다. 역사적으로 봐도 변화는 항상 아래에서부터 시작되었다.

가진 자들은 현재를 유지하고자 기를 쓸 뿐 세상을 변화시키고자 하지 않는다. 지난날 가난하던 시절에 대한 '가난 트라우마'를 21세기가 되어서도 여전히 들이대는 경제 기득권과 보수 세력의 낡은 카드에 최면이 걸리지 말아야 한다. 지금처럼 자신이 속한 어둠을 애써 외면한다면 세상은 그 자리에서 한 발자국도 나아가지 못한다. 우리는 도대체 얼마나 더 어둠에 희생되어야 정신을 차릴까? 사회민주주의를 말하면 '빨갱이'라고 몰아붙이고, '제대로 나누자'고 말해도 '빨갱이'라고 공식화하는 보수의 전략에 더는 휘둘리지 말아야 한다. 어떤 제도가 다수의 행복에 더 적합한지 고민해봐야 한다. 그런 고민을 정치권만이 아니라 국민이 함께 해야 한다. 진보 진영이 제대로 목소리를 낼 수 있는 나라에서는 국가가 국민을 함부로 하지 못한다.

장벽이 없는
다국적 기업

언젠가부터 아이들 책상 위에 세계지도를 걸어주는 부모가 많아졌다. 어쩌면 세계시민학교 교장이자 구호의 아이콘으로 불리는 한비야 씨의 영향이 아닌가도 싶다. 언젠가 그녀가 한 공중파 방송에서 '아버지가 세계지도를 방에 걸어주셔서 어릴 때부터 세계에 대한 꿈을 키울 수 있었다'고 말한 적이 있다. 세계지도를 방에 걸어준다고 누구나가 그녀처럼 세계를 누비고 다니는 것은 아니겠지만, 우리나라 사람들에게 '세계화'란 어찌 됐든 나쁜 의미가 아니다. 저 시골의 어르신들도 해외여행 가기가 어려운 일이 아니거니와 지구촌 곳곳의 소식이 실시간으로 전해지는 현대의 우리에게 세계화는 이미 익숙하다. 해외여행뿐만 아니라 세계의 명문 대학들이 우리나라에 들어온다고 하니 세계화가 좋다고 생각하는 사람도 더 많아졌다.

요즘 '해외 직구'라는 게 있다. '해외 직접 구매'를 뜻하는 이 말은 외국의 상품을 직접 구매하는 것을 말한다. 수입업체가 물건을 수입해 와서 판매하면 관세, 유통비에 마진까지 포함되기 때문에 가격이 비싸진다. 그런 이유로 해외 사이트에서 물건을 직접 구매하는 사람들이 늘고 있는 것이다. IT 강국답게 우리나라 인터넷 환경이 우수하다는 것도 하나의 이유이지만, 더 큰 이유는 개인이 수입하기가 자유로워졌기 때문이다. 바로 FTA 체결 효과다. FTA는 Free Trade Agreement의 약자로 국가 간에 상품을 사거나 파는 일을 자유롭게 하기 위해 규제를 완화하거나 없앤 협정이다.

2012년 3월 15일부터 한·미 FTA 협정이 적용되었다. 이 협정으로 미국으로부터의 수입이 자유로워졌다. 개인이 수입할 때 관세만 내면 되며, 관세도 200달러까지는 면제된다. 우리나라가 FTA를 체결한 나라는 2013년 기준으로 46개국이다.

이전에는 보호무역이라고 해서 다른 나라에 아무리 싼 물건이 있어도 그 물건이 국내 경제에 부정적 영향을 미치면 수입을 하지 않을 수 있었다. 대표적인 예로 쌀을 들 수 있다. 쌀을 수입하면 국내 농민들이 타격을 받기 때문에 그동안 해외에서 쌀을 수입하지 않았지만, 이런 보호정책을 더는 할 수 없게 된 것이다. 반대로 이 FTA로 물건을 싸게 구매하게 되었다는 좋은 점도 있다. 그런데 중요한 것은 법률과 회계 등 비즈니스와 서비스 분야만이 아니라 교육과 의료 분야에서도 대외 개방을 하게 됨으로써 거기에 시장 논리가 개입된다는 점이다. 시장 논리가 있는 곳에는 언제나 자본이 있다. 한마디로 세계화는 규제와 장벽이 무너진 세상을 말한다고 이해하면 쉽다.

독일 작가 게르트 슈나이더가 《왜 세계화가 문제일까》에 세계화에 대한 개념을 잘 정리해놓았다.

"미국 하버드 대학의 경제학자 시어도어 레빗 교수가 1983년에 처음 사용했다. 레빗 교수는 정치, 경제, 사회, 문화 등 다양한 분야에서 국가 간 교류가 활발해져 전 세계가 점점 하나의 생활권으로 경합하는 현상을 세계화라고 했다. 세계화 현상은 특히 재화, 서비스, 자본, 지식, 노동력이 여러 나라 사이에서 활발하게 교환되고 이동하는 과정에서 뚜렷하게 드러난다."

세계화의 특징은 이동성, 신속성. 유연성이다. 그중 가장 중요한 것이 이동성, 즉 자본의 신속한 이동이다. 자본은 이제 신의 날개라도 단 듯 가지 못할 곳이 없게 되었다. 그러나 학자들이 처음 예상한 것처럼 노동과 자본이 함께 이동한 것이 아니라 노동력의 이동은 줄고 자본의 이동만 늘었다. 언뜻 생각하기에 우리나라에 외국인 근로자들이 들어와 있어서 노동력의 이동이 늘었다고 여길 수도 있겠지만, 세계적으로 볼 때는 이민을 받아들이는 데 각국이 이전만큼 적극적이지 않다. 자본의 이동성에 비하면 노동력은 거의 움직이지 않았다. 결국 세계화에 의해 자본만 자유롭게 그리고 빠르게 이동하게 됐다.

자본 이동의 대표주자가 바로 '다국적 기업'이다. 또한 세계화에서 가장 무서운 것도 이 다국적 기업이다. 어찌 보면 우리가 세계화에서 알아야 할 게 다국적 기업이 전부라고도 할 정도다. 다국적 기업은 어떤 한 나라에 본사를 두고 다른 여러 나라에 자회사나 합병회사, 공장 등을 세워 물건을 생산하고 판매하는 회사를 말한다. 요약하면 세계를 무대로 하여 국제적 규모로 활동하는 기업이다. 우리나라에 진출해 있는 다국적 기업으로는 미국에 본사를 둔 코카콜라·나이키·맥도날드, 일본의 소니·토요타·캐논, 독일의 벤츠·브라운·알리안츠, 프랑스의 테팔·르노·샤넬, 네덜란드의 필립스·로얄더치쉘 등이 있다. 대부분이 우리가 너무나 잘 알고 있는 기업들이다. 우리나라 기업 중 삼성·현대·대우·LG 등도 다국적 기업이다. 많이 알려진 유명한 기업들은 모두 다국적 기업이라고 해도 과언이 아니다.

다국적 기업에게 세계화란 전 세계 어느 나라에서든 자신들이 원하는 대로 투자하고 제품을 생산할 수 있다는 의미를 가진다. 문제는 이들이 가난한 나라나 개발도상국에 가서 필요한 자원과 자본을 싹쓸이한다는 점이다. 다국적 기업이 떠난 자리에는 해고당한 노동자와 파괴된 환경만이 남는다. 마치 '메뚜기 떼'가 휩쓸고 간 것처럼 말이다. 이런 다국적 기업의 횡포를 막지 못하는 건 정부마저 자본에 넘어갔기 때문이다.

이보다 더 크고 중요한 문제가 있는데, 이윤의 극대화에만 치우쳐 현지인들이 오랫동안 누리던 일상을 망치는 일이 생긴다는 점이다. 볼리비아 마을 따까빠야는 오래전부터 산에서 내려오는 물을 마시고 생활용수로 사용하며 살아왔다. 그런데 어느 날 그곳에 있던 맥주 공장을 다국적 기업이 인수하면서 더 많은 맥주를 생산하기 위해 산에서 내려오는 물길을 공장으로 끌어갔다. 공장을 인수할 때 정부로부터 땅과 함께 물 독점 사용권까지 따냈기 때문이다. 결국 마을로 흘러오던 물이 말랐고 식수조차 부족해진 상황이 되었다. 설상가상으로 비도 적게 내리면서 마을사람들은 물을 사먹어야 하는 지경이 되었다. 분노한 주민들이 시위를 벌였지만 정부는 자국민 편이 아니었다. 이미 매수된 관리들은 오히려 시위하는 주민들을 막았고 주민들이 다치는 일까지 벌어졌다. 그런가 하면 아프리카 탄자니아에 있는 외국인 관광객을 위한 한 호텔은 주민들이 오랫동안 공동으로 사용하던 동굴의 물을 독점하고 주민들은 사용하지 못하도록 막고 있다. 동굴 앞에서 총을 차고 지키는 군인들 때문에 주민들은 몰래 가서 길어오지도 못한다고 한다. 이 또한 군인을 돈으로 매수해버린 호텔이 하는 일이다.

이런 일이 세계 곳곳에서 비일비재하게 일어나고 있다. 그것도 대부분 가난한 나라에서 자행되고 있다. 이런 문제를 알기 위해 할리우드 배우 레오나르도 디카프리오가 열연한 〈블러드 다이아몬드〉도 참고할 만하다. 물론 충분히 비판적으로 다루지는 못했지만, 아프리카 시에라리온의 다이아몬드 채취 과정에서 희생되는 주민들의 참상과 그 다이아몬드를 판매한 돈이 모두 무기를 사는 데 사용된다는 내용을 다룬 영화다. 이런 자본의 폭력이 세계 곳곳에서 난무하지만, 돈에 눈이 먼 세상은 그냥 두고만 본다. 자본이 인간을 먹어가고 있다. 자연이 주는 선물조차 누군가의 소유가 된다는 것은 결코 정당한 일이 아니다. 이제 돈은 인간의 생존이 걸린 '물'에까지 소유권을 주장하고 있다. 언젠가는 공기마저 자본에 지배되는 세상이 올지도 모른다. 많은 학자가 현재를 자본주의의 위기라고 하는데, 그 이유는 우리 삶의 가장 기본적인 것마저 자본의 손에 넘어가고 있기 때문이다. 이런데도 무력감만을 느끼며 자본의 편에서 잠시의 위안을 구할 것인가?

세계화의 흐름 속에서 어떻게 해야 소중한 것들을 지켜낼 수 있을지 고민해야 한다. 우리나라 사람만이 아니라 세계인 모두가 함께 말이다. 글로벌리즘은 부자를 더 부자로, 가난한 사람을 더 가난하게 만들고 있다. 신자유주의를 '맹수 자본주의'라고 부르는 이유도 세계화를 앞세웠기 때문이다. 모든 문제의 뒤에는 투기 자본 세력의 '세계화'가 있다.

공공성과
공공재

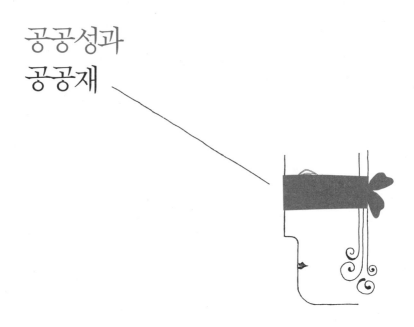

지난여름 인천에 있는 한 유원지를 갔다. 사람들에게 꽤 알려진 곳이기는 하나, 놀 거리에 치중한 유원지라 '여기도 돈벌이만 잔뜩이구나' 하는 생각이 들었다. 그때 어디선가 안내방송이 들려왔다.

"잠시 후 다섯 시부터 음악 분수 쇼가 있을 예정입니다."

때마침 걸어가고 있던 방향으로 바로 분수가 보였고, 조금 기다리자 쇼가 시작되었다. 음악 분수 쇼는 다른 곳에서도 본 적이 있어서 그 정도의 감상만을 기대하고 있었는데, 이게 웬일! 이곳의 분수 쇼는 역동적이면서도 화려한 게 정말 볼만했다. 중간중간 분수가 밖으로 쏘아지면서 구경하던 사람들이 물벼락을 맞는 경우가 생겼지만, 물을 맞은 사람 중에 누구 하나 언짢아하지 않았고 오히려 그 순간을 즐겼다. 분수 쇼는 그곳에 모인 모든 사람에게 행복한 순간을 선사했다.

이것이 공공성이다. 공공성이란 모두가 공유하는 것이다. 보편성이란 단어와 어울리는 공공성이야말로 민주주의에 꼭 필요한 개념이다. 점점 공격성을 띠는 '터보 자본주의'하에서 공공성은 우리에게 더욱 중요해지고 있다. 공공성을 알려면 먼저 공공재 개념부터 시작해야 한다.

공공재란 모든 사람이 공동으로 이용할 수 있는 물건이나 서비스를 말한다. 다시 말하면 비용을 지급하지 않더라도 사용할 수 있는 것들을 가리킨다. 이는 곧 가난한 사람도 마땅히 혜택을 받는다는 말이다. 공공재에는 국방·경찰·소방·공원·도로 등과 같은 것들이 있다.

알다시피 자본주의 경제 체제에서는 기본적으로 시장에서 거래되는 재화나 서비스를 이용하려면 그에 상응하는 비용을 지급해야 한다. 그런데 공공재는 시장에서 이익에 따라 마음대로 가격을 올리거나 내릴 수 없고, 심지어는 비용을 지급하지 않아도 이용하거나 누릴 수 있다. 이를 전문 용어로 '비(非)배제성'이라 한다. 비배제성이란 말 그대로 배제할 수 없다는 말이다. 예를 들어 세금을 내지 않아도 군인들이 제공하는 안보의 혜택을 누리거나, 경찰이 유지해주는 치안의 혜택을 받을 수 있다. 또, 일반적인 재화나 서비스는 사람들이 누군가 소비하면 다른 사람이 소비할 기회가 줄어들어 사람들 사이에 경쟁이 생기기 마련이다. 이에 비해 공공재는 경쟁할 필요가 없는 '비경쟁성'의 속성도 가지고 있다. 한 사람이 경찰서를 이용했다고 해서 다른 사람이 이용할 기회가 줄어들지는 않는다는 말이다.

이런 특징들을 살펴보니 공공재가 왜 중요한지를 새삼 알게 된다. 공공재는 사람이 생활하는 데 필요한 기본적인 것들이다. 만약 공공재가 시장 논리의 적용을 받아 가격이 오르고, 그래서 가난한 이들이 이용할 수 없게 된다면 어떻게 될까? 압도적으로 많은 수에 해당하는 대중이 얼마나 불평등한 삶을 살게 되고, 얼마나 불편한 일상을 꾸려가게 될지 눈에 훤히 보이지 않는가?

공공재의 규모는 정치기구가 결정한다. 국민의 생활과 안보에 직결되는 것이기 때문이다. 또, 이것이 무너지면 '무정부' 상태가 올지도 모르기 때문이다. 공공재의 규모를 결정할 때는 사람들이 그 공공재의 중요성을 인정하고 그에 상응하는 세금을 부담하는 것에 반대하지 않는다는 사실을 토대로 한다.

이런 공공재에서 가장 문제가 되는 것이 있다. 비용을 부담하지 않는 사람도 사용할 수 있기 때문에 이른바 '공짜 승객', 흔히 말하는 무임승차가 발생한다는 것이다. 또, 기본적으로 시장 논리가 적용되지 않기 때문에 적자에 시달리게 되는 경우가 많다. 공공재는 본래 경제학에서 발전된 이론이지만, 이와 같은 이유로 시장의 메커니즘에 일임할 수 없기에 정치학에서도 중요하게 다룰 수밖에 없다. 그렇다고 국가가 모두 관리하는 것은 전체주의로 흐를 우려가 있기 때문에 그 공급을 어디까지 정부가 담당하고 어디까지를 민간 부문에 위임해야 하는가 하는 문제가 발생한다.

또 어떻게 하면 공공재가 좀더 효율적으로 공급될 수 있는가 하는 문제에 대하여 견해의 대립이 발생하기도 한다. 더불어 큰 정부가 더 나은지, 작은 정부가 더 나은지에 대한 논쟁도 불거진다. 작은 정부를 지향한다 하더라도 공공재에 대한 무분별한 민영화는 국민의 삶에 직접적인 영향을 주므로 공공 산업 부문을 민영화하는 것만큼은 신중에 신중을 기해야 한다.

공공재의 민영화는 '공공성'을 해치는 경우가 많다. 공공성이란 한 개인이나 단체가 아니라 일반인 모두에게 해당하는 것을 말한다. 다시 말해 너와 나, 우리 모두에게 필요한 것이다. 공공재나 공공성이라는 단어에 공통으로 들어가는 '공(公)'은 '공적인 것'을 의미하고, '공(共)'은 '함께, 같이'를 의미한다. 그런 이유로 공공성은 '인간성'과 가장 밀접하고, 복지와도 연관된다.

우리가 기억해야 할 것은 신자유주의 시대에 들어서면서 '공공성'이 위기에 처해 있다는 사실이다. 모든 것을 시장 논리에 끼워

맞추는 신자유주의 정책은 공공 분야에 속하던 많은 것을 민영화하거나 시장에 내놓았다. 교육 문제가 대표적인 경우다.

본래 교육은 공공성이 높으므로 공공재로 봐야 한다. 하지만 신자유주의를 도입한 이후, 교육을 공공재가 아니라고 판단하여 시장에 내다놓고 경쟁을 시켰다. 그 결과 교육은 상품이 되었고 학생과 학부모는 소비자가 되었다. 알다시피 결국 우리는 비싼 등록금을 내야 하는 이른바 '호객(호구 고객)'님이 되었고 말이다.

교육을 상품으로 보면 '경쟁이나 효율'이라는 가치를 바탕으로 정책을 이끌어가게 된다. 그래서 국제고나 특목고, 특성화고 등 교육의 서열화가 나타날 수밖에 없다. 이는 아이들을 불행의 구렁텅이로 몰아넣는 일이다. 복지제도가 잘 되어 있는 북유럽 국가들은 교육을 상품으로 보지 않고 '공공재'로 본다. 유치원부터 대학교는 물론 박사 과정까지 배움에 열의를 가진 사람이라면 누구나 교육 혜택을 받을 수 있도록 국가가 지원한다. 교육마저 돈을 지급해야 하는 세상은 의료처럼 '생명'과는 직결되지 않지만, '행복'과는 직결된다. 우리는 교육을 통해 성장하고 행복의 가치를 배우기 때문이다.

교육이 이렇게 시장 논리에 지배되면 삶의 올바른 방향을 잃게 된다. 교육은 우리 삶의 방향을 제시해야 한다. 교육에서 중요한 것은 경쟁이 아니라 공익에 대한 신념이다. 세계에서 교육제도가 훌륭하기로 유명한 핀란드의 예를 보자. 그 나라 역시 1980년대만 하더라도 학교에 왕따 문제가 있었다. 그즈음 교육의 가치를 경쟁이 아닌 협동으로 바꾸면서 변화가 일어났다. 핀란드는 왕따에 대한 해결책으로 한 아이가 괴롭힘을 당하는 것을 보거든 "멈춰!"라고 말하게 했다. 주변에 있는 모든 아이가 한목소리로 말이다. 이를 통해 모두가 서로를 지켜보고 있다는 생각이 퍼져 나가면서 학교 폭력은 사라졌다. 아이들에게 '우리'라는 공동체의 가치를 심어준 결과다. 함께하기에 서로를 지켜준다는 생각이 아이들을 변하게 했다. 우리 또한 '함께'의 가치를 회복한다면 소외된 사회적 약자들에게 진심 어린 관심을 가지게 될 것이다.

넬슨 만델라에 의해 알려진 아프리카 전통 사상인 '우분투(ubuntu)'는 공공성을 말하기에 가장 좋은 예다. '우분투'는 아프리카 코사(Xhosa)어로 '당신이 있어 내가 있습니다'를 의미한다. 즉, 함께 살아간다는 뜻이다. '너와 내가 모두 함께'라는 이 말이야말로 공공성이 아니고 무엇이겠는가? 타인도 행복해야 나도 진짜 행복할 수 있다. 공공성을 유지하는 대안의 하나로 많은 사람이 말하는 것이 바로 '공동체'다. 협동조합을 비롯한 다양한 공동체가 독점화된 자본주의에 맞서 공공성을 찾기 위한 투쟁을 하고 있다. 이런 의식들이 더 많은 사람의 공감대를 얻어서 일어난다면 시장으로부터 교육을 되찾아오는 날도 올 수 있지 않을까.

자유와 평등

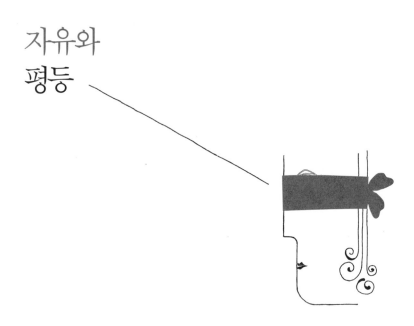

첫아이가 걸음마를 시작했을 때였다. 그 작은 발로 아장아장 걸음을 떼는 모습이라니! 정말 태엽을 감아놓은 인형 같다는 생각이 들 정도였다. 하지만 아이는 몇 걸음을 떼지 못했다. 아직 서투른 탓이다. 지켜보던 내가 다가가 손을 잡아주었다. 그치만 아이는 손을 기어이 뿌리치며 저 혼자 걷겠다고 나선다. 혼자 걷는 느낌이 좋은가 보다.

그랬던 아이가 어느덧 중학생이 됐다. 어느 날 학교에서 돌아온 아이가 뜬금없이 말했다.

"아! 빨리 어른이 되고 싶다!"

"뭐? 왜?"

아이는 당연한 게 아니냐는 표정으로 덧붙인다.

"내 마음대로 할 수 있잖아요! 아~주 자유롭게!"

아이가 자유를 갈망하는 것은 책상 정리부터 컴퓨터를 하는 시간까지 어른들의 잔소리를 들으며 느끼는 제약 때문이리라. 나 또한 얼마나 어른이 되고 싶었던가. 아이의 마음이 이해되어 슬며시 웃어주었다. 어쩌면 인간은 제 발로 걷게 되는 순간부터 본능적으로 자유를 원하는지도 모르겠다. 오래전 미국의 독립운동가 페트릭 헨리가 "자유가 아니면 죽음을 달라!"고 외쳤던 것처럼 자유란 죽음을 불사해도 좋을 만큼 절대적으로 필요한 것이다.

인류의 역사는 자유와 평등의 두 가지를 동시에 추구하면서 발달해왔다. 자유와 평등은 우리 삶의 질을 가르는 중요한 가치이자 민주주의의 핵심이다. 자유와 평등은 함께 있어야 하는 운명과도 같다. 인간은 평등만 있고 자유가 없어도 불행해지고, 자유만 있고 평등이 없어도 불행해진다.

어쩌면 자유를 더 원하는지도 모르지만, 그렇다고 자유만 있고 평등이 사라지는 것은 더 고통스러울지도 모른다. 부자 동네에 사는 가난한 이들이 상대적 박탈감에 빠져 더 병에 잘 걸리고 일찍 사망한다는 연구 결과도 있는 걸 보면 말이다. 인간에게 평등이란 면역 체계와도 같은 게 아닐까. 오늘날 너무 심각한 불평등은 대다수의 사람을 병들게 하고 있다.

자유와 평등에서 주목해야 할 또 다른 것은 이 둘의 상호배반적인 면이다. 자유가 지나치면 평등이 파괴된다. 평등이 지나치면 자유가 억압된다. 인간에게 최적의 환경은 자유와 평등이 균형을 이루는 지점일 터이다. 이것은 단순히 시소의 균형을 잡는 것과는 차원이 다르기에 어렵고 힘들다.

그런데도 조금 더 무게를 두어야 한다면 자유여야 할까? 아니면 평등이어야 할까? 평등을 강조하던 사회주의 국가들이 사라진 걸 보면 인간의 본성은 자유를 더 주어야 하는 게 맞아 보인다. 아마 그래서 누군가 '자유 위에 평등'이 세워져야 한다고 말한 건 아닐지.

자유라는 건 무엇에 얽매이지 않고 마음대로 할 수 있는 상태를 말한다. 영어에는 자유라는 뜻을 가진 단어가 둘 있다. 바로 freedom과 liberty다. freedom은 자유를 지극히 개인적인 관점으로 보는 개념이다. 권리로서의 자유를 의미한다. 말하자면 아이가 원하듯이 누구의 간섭도 없이 자기 마음대로 할 수 있는, 자연적으로 타고난 자유를 말한다. 반면 liberty는 사회적 관점으로 보는 개념이다. 지배 또는 권위로부터 벗어난 자유를 말한다. 다시 말하면 liberty는 사회적 합의를 통해 이루어진, 누구에게나 평등하게 부여된 자유를 말한다. 그렇기에 인간의 존엄에 해당된다고 볼 수 있다.

흔히 민주주의에서 말하는 자유의 개념은 freedom보다는 liberty에 가깝다. 아이가 엄마의 손을 놓고 자기 마음이 내키는 대로 걷는 것이 개인적 자유라면, 다른 사람을 방해하지 않는 범위 내에서 마음대로 걸을 수 있는 것이 사회적 자유다. 만약 나에게 자유가 주어졌어도 다른 사람의 보행이나 일을 방해했다면, 또 그것이 법률에 위반된다면 법적인 처벌이나 구속을 받을 수도 있다.

여기서부터는 잘 생각해봐야 한다. 법률은 사실 우리가 모두 합의해서 만든 것이 아니다. 법률학자들과 지배 권력층이 만들어놓은 것이다. 엄연히 법률이 존재하지만 사람들은 그 세세한 내용까지는 잘 모른다. 현행법은 '집시법'이라는 이름으로 시위나 집회를 불법으로 보고 처벌한다. 얼마 전 촛불시위에서도 법률에 근거할 때 위법이라며 경찰이 참가자들을 연행했다. 경찰에 연행된 행적은 모두 기록으로 남으며, 그 횟수가 늘어날수록 형이 무거워진다. 이런 사실은 대부분이 모르는 내용이다. 촛불시위에서 단지 걷기만 한 유모차 부대나 아줌마들이 도대체 무슨 법을 어겼다는 걸까? 누구를 방해했다는 걸까? 그 판단이야말로 지극히 자의적이고 작위적이다. 아마도 법률에 '떼로 모이지 마라'가 있나 보다. 정치적 측면에서 자유란 이렇게 사회적 구속을 의미하는 엄격한 통제의 틀 안에서 존재한다고 봐야 한다. 물론 공공선의 실현을 위해서는 때로 개인의 자유가 마땅히 제약을 받을 수도 있다. 하지만 그러기 위해선 그 공공선이 진정으로 다수를 위한 것인지부터 명확해야 할 것이다.

또, 민주주의에서 다른 한쪽의 저울을 의미하는 평등은 오늘날 자본주의 세상에서 더없이 중요하고 우리가 고민해야 할 개념이다. 평등이란 권리나 의무, 자격 등이 차별 없이 고르고 한결같음을 말한다. 오늘날 민주주의하에서 사람들은 형식적으로는 평등하다. 흔히 말하는 기회의 평등이 있다는 뜻에서 그렇다. 하지만 자본주의하에서는 이 형식적 평등조차도 무의미해진다. 이스트번 메자로스는 《21세기 사회주의》에서 평등이 사회에서 온전히 실현되지 않으면 장기적으로 지속되지 않는다고 말한다. 왜냐하면 실제로 '법 앞의 평등'조차도 쉽게 조롱거리로 만들어버리는, 비용을 쉽게 지불하는 사람들에게 더 유리하기 때문이라고 주장한다.

결국 중요한 것은 실질적 평등이다. 결과의 평등이라고도 하는 실질적 평등이 진짜 평등의 개념이어야 한다. 우리 삶에서 결과적으로 모두가 평등을 누리지 못한다면, 기회의 평등은 빈껍데기일 뿐이다. 민주주의가 말하는 인간성의 평등, 인격의 평등, 법 앞에서의 평등, 기회의 평등은 현실의 자본주의 힘 앞에서 맥없이 쓰러졌다. 이미 여러 번 말한 경제적 불평등은 이런 이유로 민주주의를 위협하는 최대의 난제인 것이다.

경제적 평등은 정말 불가능한 것일까? 하나의 대안으로 '노동자

자주관리'가 있다. 2014년 7월 2일 자 〈오마이뉴스〉에는 충북 청주에 있는 버스회사 '우진교통'을 노동자자주관리 기업으로 소개했다. 노동자자주관리 기업이란 경영권이 자본에 있지 않고 노동자에게 있는, 노동자가 주인인 기업을 말한다. 우진교통은 10년 전인 2005년에만 하더라도 망하기 직전인 회사였다. 이를 노조가 150여억 원의 부채까지 포함해 경영권을 넘겨받아 살려냈다. 우진교통은 현재 300명의 노동자가 113대의 버스를 운영하며 연간 220억 원대 매출을 올리고 있다.

주목해야 할 것은 이 회사 사장의 월급이 노조위원장과 똑같다는 점이다. 모든 기업의 사장과 노동자의 월급이 같아지면 어떤 일이 일어날까? 당연히 경제적 불평등으로 인한 불만이 사라질 것이다. 국회의원들의 연봉이 일반 임금 노동자와 같아지면 또 어떻게 될까? 당연히 경제적 불평등이 사라지고, 진정한 민주주의의 실현 가능성은 높아질 것이다. 우진교통의 사례를 보더라도 분명 대안은 있다. 그 대안을 실천할 의지가 있느냐가 문제일 터이다.

이 세상에 절대적인 것은 없는 것처럼 아마 '완벽한 평등'은 있을 수 없을지도 모른다. 그러나 분명한 건 자본에 자유를 부여하면 할수록 국민의 평등이 줄어든다는 사실이다. 평등은 공리, 즉 더 많은 이들의 이익을 생각하는 개념이다. 공리를 실천하기 위해서 욕망을 덜어내길 망설이지 않을 때 실질적 평등이 우리 앞에 나타나

지 않을까? 민주주의를 완벽하지는 않지만 최선의 시스템이라고
말하는 것은, 아마도 민주주의가 가진 자유와 평등이라는 위대한
가치 때문이리라.

양극화와
계급

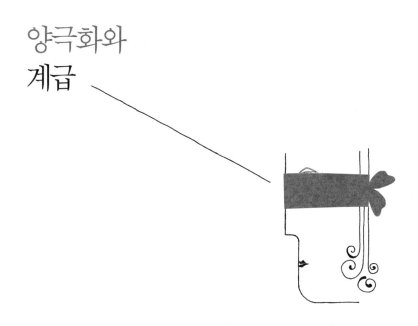

　계급이란 단어에는 왠지 모를 거부감이 섞여 있다. 누군가 계급이라는 단어를 입에 올리면 어쩐지 낯설고 마치 금기어를 사용하기라도 한 것처럼 긴장감마저 들곤 했다. 왜 그럴까를 생각해보니 계급이란 단어가 공산주의를 연상시켜서 그런 것 같다. 이 또한 학습된 것이긴 하지만, 어쨌거나 계급이란 단어는 우리에게 친숙한 일상어는 아니다. 대중매체에서도 많이 들어보지 못했다. 여기에 '계급투쟁'이라는 말은 더더욱 낯설고 어쩐지 두려움까지 불러일으키는 단어다. 계급이라는 말도 거슬리는데 투쟁이라니! 어찌 됐든 멀리하고 싶은 단어들이다. 대신 '계층'이라는 단어가 더 익숙하다

대중매체에서도 많이 들어봤기 때문이다. 하지만 이 두 개념을 굳이 나누어 생각할 필요는 없어 보인다.

스테판 에젤이 쓴 《계급사회학》의 표지에는 'FIRST'라고 적힌 기차 칸에 앉아서 잡지를 보고 있는 상류층 여자의 사진이 실려 있다. 이 사진을 처음 본 순간 봉준호 감독의 〈설국열차〉 주인공 '메이슨'이 떠올랐다. 그 영화에서 열차는 인류의 마지막 계급투쟁의 장소다. 영화가 바탕에 깔고 있는 것은 '계급'과 '차별' 그리고 '투쟁'이다. 우리가 사는 세상에 눈에 보이는 차별은 없다고 순진하게 믿고 싶어 하는 대다수 사람에게 계급이라는 지극히 차별적인 용어는 어쩐지 기운이 빠지게 한다. 왜냐하면, 나의 계급이 높을 리가 없다는 좌절감이 함께 작동되기 때문이다. 신자유주의하에서 돈으로 나누어놓은 단계 중 상위를 차지하기가 어디 쉬운가.

하지만 지금까지 진짜 알아야 할 것들을 외면해서 얻은 것보다 잃은 것이 더 많았음을 깨달았다면, 이제 계급이라는 단어에 붙은 꺼림칙함을 걷어내는 게 좋을 듯하다. 현대의 신자유주의 사회는 신계급주의라고 불러도 좋을 만큼 경제적 기준으로 계급이 견고하게 나누어져 있다. 계급은 오래전에 썼던 단어일 뿐이라고 아무리 도리질을 해봐야 소용없다. 우리가 살아가는 현실이 이러하니 말이다. 그보다는 계급이 무엇인지에 대해 아는 것이 현실을 깨닫기에 훨씬 더 유익한 일일 게다.

계급이란 사회에서 직업·신분·재산 등으로 구별되는 사람들의 집단을 말한다. 우리가 흔히 사용하는 상류층이나 중산층 그리고 서민층이라는 말은 경제적인 기준으로 나누어놓은 것들이다. 앤서니 기든스는 《현대 사회학》에서 계급은 공통된 경제적 자원을 가진 사람들로 구성된 집단을 말하며 네 가지 특징이 있다고 설명한다.

첫 번째로 계급이라는 체계는 유동적이다. 한 번 정해진 것이라 해서 영원하진 않다는 말이다. 그러므로 계급 간의 구분도 명확하지 않다. 두 번째로 계급은 부분적으로 성취된 것이다. 계급구조 내에서 상승하거나 하강하는 이동은 일반적인 현상이다. 세 번째로 계급은 경제적인 기반을 가진다. 이 부분이 중요한데 계급은 집단 간의 경제적 차이에 의해서 결정된다. 네 번째로 계급은 광범위하고 비개인적이다. 계급이란 개인이 아니라 집단, 조직을 통해서만 작동한다.

이 네 가지 특징을 보더라도, 계급이란 단어가 주는 뉘앙스처럼 사람들을 나눈다는 것 자체가 별로 기분 좋지 않다. 계급이란 단어에 담긴 경제적 측면의 속뜻 때문에 그 단어가 더 인정하기 싫어지기도 한다.

계급 이론으로는 마르크스 이론이 가장 유명하다. 마르크스는 생산관계를 중심으로 해서 부르주아와 프롤레타리아라는 딱 두 가지로 계급을 나누었다. 상품을 생산하는 수단을 소유한 부르주아와 노동력밖에 가진 게 없는 프롤레타리아로 나눈 것이다. 마르크스는 노동자가 생산적인 노동을 통해 잉여가치를 만들어내므로 노동자야말로 모든 것을 생산하는 주체라고 주장했다. 그리고 계급 간의 구조를 지배구조로 봤다. 두 계급은 필연적으로 대립하고 갈등하므로 급진적이고 투쟁적인 요소가 늘 존재한다는 것이 마르크스 이론의 뼈대다. 이것이 맞는지 틀리는지의 문제는 접어두더라도, 현재 심각한 양극화 사회에서 마르크스가 주장한 대로 대립과 갈등이 심화되고 있다는 것만은 분명하다.

또 하나의 중요한 개념이 바로 '중간 계급', 즉 '중간층'이다. 흔히 요즘은 '중산층'이라는 말로 대치되고 있는데, 사회구성에서 정말 중요한 지위를 가진다. 중간층이 자신의 위치를 어디에 두느냐에 따라 대중의 의미가 달라질 수도 있기 때문이다. 흔히 중간층은 소규모 자영업자와 화이트칼라를 중심으로 하는, 노동자와 자본가의 중간에 속하는 사람들을 말한다. 마르크스는 중간 계급이 없이 노동자와 자본가들이 필연적으로 대립관계와 투쟁관계에 있다고 여겨 양극화될 것으로 예상했다. 하지만 실제 자본주의 역사에서는 마르크스의 예상과 달리 중간 계급이 존재했다.

중간층이 마르크스가 말하는 두 계급의 완충지 역할을 하기에, 이들이 건재해야 사회가 안정적이라고 볼 수 있다. 그만큼 중간층은 사회를 유지하는 데 중요하고, 가장 넓은 층을 형성해왔다. 하지만 이들이 점점 사라지고 있다.

시간이 갈수록, 중산층이라 불리던 사람들은 소수의 재력가로 들어가지 못하면 대부분 서민층으로 합류되고 있다. 자본의 쏠림 현상으로 부자는 더 부자가 되고 가난한 자는 더 가난해졌기 때문이다. 이런 현상은 사회가 마르크스의 예견대로 진행되지 않을까 하는 우려를 불러일으킨다. 마르크스는 사회 상층에서의 '부의 축적'은 사회 하층에서의 '빈곤의 축적'과 연관되며, 이것이 자본주의 발전의 법칙이라고 주장했다. 양극화의 심화로 우리 사회에 두 계급만이 남아 있다는 말을 가볍게 넘길 수만은 없는 이유가 바로 이것이다.

봉건제가 있던 오래전, 귀족은 1%였고, 99%가 평민이었다. 따라서 평민들이 불평등을 느끼고 분노하게 된 것은 당연한 결과였다. 그로부터 200년도 더 지난 지금 계급이 새로이 형성된 것이다. 봉건제 시대와 놀랍도록 닮은, 1%의 부자와 99%의 가난한 자들이 사는 세상이 되었다. 사회 완충 역할을 하던 중산층이 몰락하고 있다는 말은 곧, 사람들의 불만이 쌓여가고 있다는 말과 같다. 과연 중산층이 없는 사회가 잘 유지될까?

그래서 더욱, 얼마 안 되는 중산층이 해야 하는 중요한 역할이 있다. 자신을 노동자라고 말하기 어려운 사람들의 집단, 육체노동을 하기 않고 자신들이 이 사회의 밑바닥이라고 생각하지 않는 이들

계층이 오히려 사회 불평등에 더 민감해지고 예민해져야 한다. 단지 자신들이 하위층에 속하지 않는다는 것을 확인하고 안심할 것이 아니라, 경제 상층부에서 누리는 경제적인 불평등으로 인해 세상에 어떤 부당함이 존재하는지를 생각해야 한다.

얼마 전 한 인터넷 매체에 유럽 사람들은 실제보다 더 경제적으로 불평등하다고 느끼는 반면, 미국인들은 실제보다 덜 불평등하다고 느낀다는 기사가 실렸다. 유럽인들은 상대적으로 불평등에 더 민감하다는 뜻이다. 중산층이 저 유럽인들처럼 사회정의나 불평등에 대한 민감도를 더 높이고, '나만 아니면 돼'라는 생각에서 벗어난다면 더 많은 대안을 찾아낼 수 있을 터이다.

사회적으로 만연한 문제에 입을 닫고 있는 엘리트 지식인들도 중산층이다. 그들은 상위 1%가 아니다. 그저 상위 1%가 되고 싶은 중산층일 뿐이다. 아마 심정적으로는 상위 1%에 속한다고 착각하고 있는지도 모른다. 그래서 하위 계층에 대해 멸시와 무관심으로 대응하거나 거리를 두는 저열한 엘리트 의식만을 껴안고 있는 건 아닐까. 그들이 껍데기를 벗어 던지고 진정한 다수의 편에 선다면, 그래서 함께 행동한다면 세상은 변한다.

물론 중산층에 속하지도 못하는 대다수의 서민이 가지고 있는 착각도 문제다. 우리 대다수는 중산층이 아니다. 위를 올려다보며 올라가지 못해 안달을 낼 것이 아니라 지금 자신이 서 있는 자리가 가장 아름다운 자리임을 인정하는 자부심을 가져야 한다. 그 당당함이 세상에 부끄럽지 않게 맞서게 하고, 우리를 지켜내는 힘이 아닐까.

오늘날
대한민국의 주인은
누구일까

"대한민국 주권은 국민에 있고, 모든 권력은 국민에게서 나온다. 국가란 국민입니다."

영화 〈변호인〉에서 주인공 송우석 변호사가 외친 유명한 대사다. 이 대사는 웹툰에서도 패러디되고 여기저기서 빌려 쓸 만큼 지속해서 회자됐다. 우리는 왜 이 말에 그토록 공감했을까? 나 또한 영화에서 이 대사를 들었을 때, 소름이 돋을 만큼 강렬하다고 느꼈다. 아마 그 이유는 마땅히 맞는 말이고, 맞는 말이어야 하는데, 그렇지 않은 현실에 대한 분노 때문이 아니었을까 싶다. 한 가지 더 기억에 남는 것은 영화가 끝난 후 사람들의 표정이었다. 화가 난

듯, 무언가 억울한 듯 보이는 사람들의 표정을 통해 알 수 있었다. 우리는 모두 국가가 아니었음을 말이다.

이전에는 국가란 무엇인가에 대한 궁금증도 없었다. 하지만 이게 잘못이었다. 일찌감치 국가란 무엇인지 생각해봤어야 했다. 한 나라의 국민이라면 말이다. 국가란 통치 조직을 가지고 일정한 영토에서 살아가는 여러 사람으로 이루어진 단체를 말한다. 국가를 구성하는 세 가지 요소는 영토, 국민, 주권이다. 쉽게 말해 정부가 있고, 땅이 있고, 그 땅에 사는 사람들이 있으면 국가는 성립한다는 말이다. 이 중에서 가장 중요한 것은 무엇일까? 당연히 국민이다. 아무리 영토가 있고, 통치 체계를 구성했다고 한들 그 땅에 사는 사람이 없다면 아무 소용이 없기 때문이다. 국가가 시작될 때 국민이란 본래의 영토에서 사는 동일 민족으로 구성되기 마련이다. 우리나라가 수없이 강조하는 단일 민족이 대부분이지만, 복수 민족으로 구성된 미국과 같은 국가도 있고 아프리카나 라틴아메리카처럼 동일 민족이 갈라져서 구성된 국가도 있다. 하지만 우리나라도 그렇지만 이민이나 결혼으로 다문화 가정이 늘어나면서 점점 단일 민족이라고 부르기 어려운 나라들이 됐다.

국가는 먼저 국민을 보호해야 하는 의무를 지닌다. 여기에서부터 국가의 이면을 다시 생각해봐야 한다. 국가는 국민을 보호하기 위해 힘이 필요하다. 가장 정당한 이유는 국민을 보호한다는 것으로 첫째는 외부로부터의 보호, 즉 타국으로부터 자국민을 보호하는 것을 말한다. 가장 기본적인 국민의 보호 의무이지만 문제는 외부 환경이 아닌 내부 환경에서도 국민을 보호한다는 점에서 시작된다. 이미 국가는 외부의 침략에 대비하기 위해 힘을 가지고 있다. 이 힘을 자국의 국민에게까지 과시하는 것이 바로 국가가 가진 또 다른 이면이다.

프리드리히 엥겔스는 국가의 본질이 계급의 권력도구라고 말했다. 국가를 말할 때 '권력'을 빼놓을 수 없는 이유는 권력이란 말이 가진 강제성 때문이다. 권력이란 남을 강제로 복종시키거나 지배할 수 있는 '공인된' 권리와 힘을 말한다. 여기서 '공인된'이라는 말이 주는 의미를 잘 살펴봐야 한다. 이는 다수가 함께 인정했다는 것으로, 국민이 선거를 통해 뽑아주었다는 뜻이다. 일테면 이런 얘기다.

'사람들에게 칼이 있었다. 하지만 그 칼은 아주 작았다. 그래도 칼은 칼인지라 나를 지킬 수는 있었다. 그러던 어느 날, 어떤 사람이 칼을 빌려달라고 했다. 그러면 자신이 더 튼튼하게 만들어서 나를 더 보호해주겠다고 했다. 사람들은 자신들이 가진 칼을 한 사람에게 몰아주었다. 그랬더니 그 사람은 여러 개의 칼을 모아 아주 큰 칼을 만들었다. 하지만 나를 도와주겠다고 했던 사람은 이제 가장 큰 칼을 가진 사람이 되었고, 사람들은 그 칼이 무서워졌다. 그

래서 사람들은 큰 칼을 가지게 된 그 사람에게 복종해야만 했다.'

국민이 가진 권력은 말하자면 작은 칼이었다. 때만 되면 찾아와 그 칼을 달라고 친절하게 굴던 정치인들은 칼들을 넘겨받아 큰 칼을 가지게 되면 태도가 달라진다.

정치권력을 둘러싼 중심적인 주제로 논의되어온 것이 바로 힘의 원천이다. 분명 권력의 원천은 국민인데 힘을 가지게 되는 순간 국민을 잊어버린다. 잊어버리다 못해 아예 착각한다. 마치 힘이 본래 자신들에게 있었던 것처럼 말이다. 그러면서 권불십년이란 말 따위는 이미 잊은 지 오래다. 게다가 권력의 커넥션은 권불십년이란 말을 더욱 무색하게 하고 있다. 우리 역사는 비정한 권력이 얼마나 오래도록 살아남는가를 보여주는 최악의 시나리오를 되풀이하고 있지 않은가.

아무튼 권력은 조직 내의 구성원을 복종시키거나 통제할 수 있는 수단이 된다. 이 말은 권력을 가지면, 저항을 하건 말건 다른 사람들을 내 의지대로 행동하게 할 수 있다는 말이다. 이런 권력은 국가에만 존재하는 게 아니라 거의 모든 집단에서 볼 수 있다. 종교집단에도 권력은 있다. 종교집단끼리 서로 폭력을 휘두르는 모습을 많이 보아오지 않았는가. 가장 작은 사회단위인 가정 내에도 존재하여, 부부 사이에도 힘겨루기가 일어난다.

또한 권력은 항상 관계적이어서, 개인이나 집단에게 인정받지 않고 권력을 소유한다고 말하는 것은 무의미한 일이다. 권력을 행사한다는 말은 그 힘을 인정하고 복종하는 상대편이 존재해야 한다. 반대로 그 힘에 저항하는 상대편도 있기 마련이다. 그 상대편을 통제하기 위해 때로는 아니, 우리가 생각하는 것보다 훨씬 더 자주, 권력은 무력을 사용한다. 이를 우리는 '폭력'이라고 부른다.

권력의 폭력성이 개인의 폭력보다 무서운 것은 그 폭력을 정당화한다는 점이다. 국가가 폭력을 휘두르는 이유 중의 하나는 기존 질서를 유지하기 위해서다. 국가권력은 기존의 질서가 무너지는 것을 근본적으로 싫어한다. 왜냐하면 그 시점의 질서가 유지되는 것이 통치하기에 편하기 때문이다. 이렇게 권력은 그 바탕에 폭력성을 띤 채 국민에게 복종을 요구한다.

《국가란 무엇인가》의 저자 카야노 도시히토 또한 모든 국가에서 공통적으로 발견되는 '폭력 행위'라는 수단을 통해 국가를 정의해야 한다고 말했다. 사실 우리는 국가가 휘두르는 폭력을 많이 봐왔다. 4·19혁명에서부터 유신 시대의 긴급조치, 5·18광주민주화운동뿐만 아니라 근래의 촛불시위에서 보여준 공권력을 보라. 여전히 폭력적이지 않은가. 특히 우리나라는 국가가 휘두른 폭력에 대한 아픈 역사가 있다. 정치적 민주화를 이루는 과정에서 수많은 피를 흘렸던 사건을 통해 정권의 폭력성을 수도 없이 보아왔다.

어쩌면 국가에서 권력이나 폭력성을 제거한다는 것은 몹시 어려운 일일지도 모른다. 사람이나 어떤 상황을 통제한다는 것은, 경험해본 사람이라면 알겠지만 몹시 어려운 일이다. 하다못해 아이들을 키워본 부모라면 자신의 아이조차 통제하기가 어렵다는 것을 뼈저리게 느꼈을 것이다. 그러면서 동시에 알게 되는 사실은 폭력이야말로 가장 쉬운 통제 방법이라는 것이다. 하지만 그 쉬운 방법이 관계를 망치는 일이라는 것도 시간이 지날수록 깨닫게 되고 말이다. 성숙한 어른이라면 알게 된다. 아이만이 아니라 부모 자신을 위해서도 힘으로 통제하는 것은 좋은 방법이 아님을.

국가란 우리에게 많은 것을 주지만, 모든 것을 주지 않는다는 것이 유일한 진실인지도 모른다. 그렇기에 마지막으로 남겨야 하는 것은 국가의 주인은 국민이라는 단 한 가지가 아닐까.

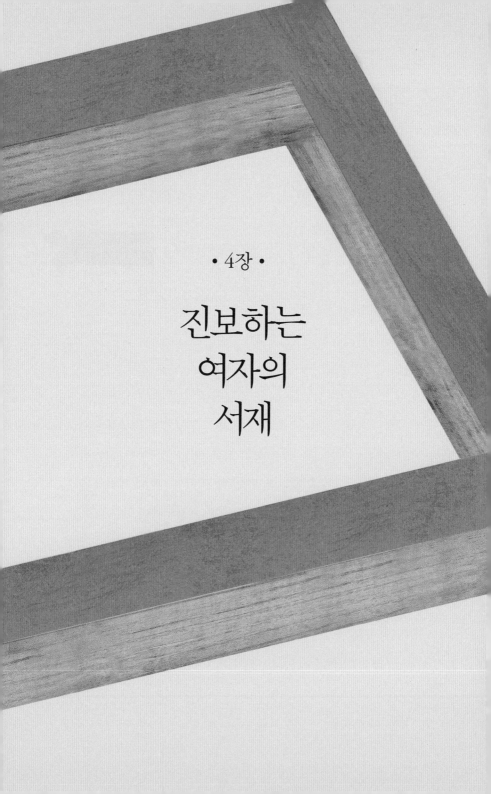

· 4장 ·

진보하는
여자의
서재

책 읽는 여자는
위험하다?

얼마 전 페이스북에서 본 사진에 눈이 멈췄다. 중학생쯤 되었을
까? 앳된 여학생이 하굣길이었는지 교복을 입은 채 덕수궁 담벼락
에 기대어 책을 읽고 있는 사진이었다. 고개를 숙이고 있어서 얼굴
도 알아볼 수 없었지만, 소녀의 모습이 눈에 쏙 들어왔다. 보기 좋
다는 것을 넘어 묘한 끌림이 있었다. 개인적인 취향일 수도 있겠지
만 책을 읽고 있는 모습은 가까이 봐도 멋있고, 멀리서 봐도 멋있
다. 책을 읽는 사람의 모습엔 알 수 없는 무언가가 있다. 누군가는
독서를 자신만의 세계에 빠져드는 것이라 했다. 그래서였을까? 소
녀의 주변에는 딱히 무어라 표현하기 어려운 정적과 함께 미지의

세계에 발을 들인 탐험가의 설렘으로 가득 차 있었다. 그 소녀는 읽고 있는 책에서 무엇을 봤을까? 무엇과 마주쳤을까?

누구에게나 자신의 삶에 영향을 미치는 순간들이 있다. 책을 좋아하고 책과 깊은 인연을 맺고 살아가게 된 나에게도 그런 순간들이 바탕이 되었다. 초등학교 4학년이었을 때 작은 시골에서 살다가 도청 소재지인 청주로 이사를 나왔다. 내가 살던 곳과는 겨우 40분 정도의 거리였지만, 도청이 있는 도시와 면사무소가 있는 시골의 차이는 물리적인 거리보다 훨씬 컸다. 변변한 책 하나 없던 시골에서 전학 온 내 외로움을 달래준 건 교실 한 귀퉁이에 있던 부실한 학급문고였다. 그러다 교내 글쓰기에서 상을 받으면서부터 책은 외로움을 달래주는 의미 이상의 것이 되었다.

교육 평준화로 다니게 된 중학교는 집에서 거리가 멀어 걸어 다니기 힘들었다. 그것이 늘 불만이었는데 어느 날 우연히 학교 도서관이 꽤 활발하게 운영되고 있다는 사실을 알게 되었다. 당시만 해도 전산화가 되지 않아서 대출도 아날로그 방식으로 이뤄졌다. 책 뒤쪽에 꽂혀 있는 대출카드에 이름을 적어야 책을 빌릴 수 있었다. 그 후로 한참의 시간이 흐르고 성인이 되었을 때 우연히 보게 된 이와이 순지의 영화 〈러브레터〉에서 독서카드로 책을 빌리던 장면들은 기분 좋은 추억을 새록새록 떠올리게 했더랬다. 물론 독서카드 뒤에 그림을 그릴 생각은 하지 못했지만 말이다 책은 이렇게 기분 좋은 기억을 선사하는 몇 안 되는 것 중 하나였다. 동시에 나를 깊은 잠에서 깨어나게 하는 몇 안 되는 것 중 하나이기도 했다. 동기부여가 찰스 존슨은 이런 말을 남겼다. "두 가지에 영향받지 않는다면 우리 인생은 5년이 지나도 지금과 똑같을 것이다. 그 두 가지란 우리가 만나는 사람과 읽는 책이다."

책은 분명 우리를 어둠에서 깨어나게 한다. 이토록 좋은 책이지만 지금처럼 대중의 품에 안기게 된 것은 얼마 되지 않는다. 책이란 본래 지배자들의 것이었다. 노예나 여자들에게는 금지되었다. 봉건제하에서 노예들은 책을 지니고만 있어도 매를 맞거나 심지어는 죽임을 당하기도 했다. 지배자들에게 책이란 곧 힘의 연장선이었다. 안다는 것이 힘이 될 수 있음을 너무나 잘 알았던 지배자들은 그것마저 독점했다. 여자와 노예로 상징되는 억압과 차별을 받던 이들에게 교육은 너무 먼 것이었다. 여성운동의 시작이 교육의 평등이었던 데에는 다 이유가 있었다.

책이 권력이고 특권이던 당시에는 소리를 내어 읽는 낭독이 주된 독서 형태였다. 그러다 책이 보편화하면서 독서가 개인화되었다. 묵독은 사소한 생각의 보편화이고, 은밀한 금단의 열매를 맛보는 쾌락을 선사해주고, 개인적 욕망을 극대화했다. 여자가 독서에 흥미를 느끼게 된 것은 오직 묵독이 선사한 선물이었다.

알베르토 망구엘은 《독서의 역사》에서 이렇게 말한다.

"여자들은 쓸데없는 이야기에서 어떤 형태의 지적 자극을 발견했음이 분명하다."

그의 말대로 여자들의 독서에 대한 흥미는 쉬운 이야기에서부터 시작했을지도 모르지만, 중요한 건 여자가 책을 읽기 시작했다는 것이고 변하기 시작했다는 사실이다. 이렇게 독서의 개인화는 곧 탈가부장과 탈권위로 이어졌다. 결국, 지배자들은 책을 금지하기에 이르렀다.

우리나라에도 1970년대에 금지된 책과 노래가 있었다. '금서'라는 게 존재했다는 것 자체가 이미 대중이 알아서는 안 되는 것이 있다는 말이고, 그것은 곧 억압이었다. 지배자들은 억압해야 할 대상이 글을 깨치고 책을 읽음으로써 세상을 알게 되는 것을 두려워했다. 왜일까? 부당하다는 것, 불평등하다는 것을 알게 되기 때문이다. 이는 저항을 불러일으킨다. 안다는 것은 그래서 위대한 것이기도 하다.

독일 작가 슈테판 볼만이 쓴 《책 읽는 여자는 위험하다》라는 책이 있다. 이 책에는 책을 읽는 여자들의 그림이 많다. 나체로 책을 읽고 있는 여자, 책 읽는 할머니, 해변에서 책을 읽고 있는 마릴린 먼로에 이르기까지. 남자들로 이루어진 지배자들은 책 읽는 여자를 좋게 여기지 않았다. 이 책은 세상을 읽는 눈을 가진 여자는 남자들에게 피곤한 존재를 넘어 위험한 존재라고 말한다. 당시 여자는 노예와 같은 지배의 대상이었기 때문에 여자가 무언가를 알게 되어서 저항하는 것은 남자들에게 달갑지 않은 일이었다. 그러니 책 읽는 여자는 위험할 수밖에.

시대가 많이 변했음에도 여전히 일부 남자들은 무언가를 잘 알고 있고 따지기 좋아하는 여자들을 좋아하지 않는다. 순종적인 여자를 여전히 선호하는 것이다. 그래서인지 여자들 스스로도 남자들에게 위험한 존재가 아니기를 바라는 경우가 있는 듯하다. '나는 아무것도 몰라요' 하는 표정으로 눈을 동그랗게 뜨고만 있으면 된다고 말하는 여자가 있다는 것 또한 인정한다. 하지만 재미있는 사실은 이런 여자들은 순진하기보다는 영악할 확률이 더 높다. 왜냐하면 조금 맹해 보여야 좋아하는 남자들이 있다는 사실을 이미 알고 있다는 뜻이니까. 이 세상에 남자보다 멍청한 여자는 거의 없다.

아무튼 책은 여자만이 아니라 사람을 깨어나게 한다. 동시에 권력과 힘을 가지고 있는 자들에게 깨어 있는 자는 위험한 존재이기도 하다. 오래전 미국 남부의 부자들에게 글을 읽을 줄 아는, 눈빛이 살아 있는 흑인 노예는 위험한 자였을 터이다. 하지만 진짜 위험한 일은 깨어 있는 자들이 소수가 아니라 다수가 되었을 때 일어난다. 똑같은 이유로 더 많은 여자가 사회문제에 깨어 있어야 한다. 세상의 절반은 여자다. 하지만 여자가 세상의 절반을 차지하고 있나? 감당하고 있나? 안타깝게도, 우리나라 엄마들은 아이들 책은 전집으로 책장 가득 꽂아주면서 정작 자신이 봐야 할 책은 구하지 않는다.

인터넷 서점 예스24는 2014년 상반기 도서 판매 동향에서 온라인 서점의 주요 고객이 사십대 여성이라고 발표했다. 어라? 어찌 된 일일까? 우리나라 주부들이 책 좀 읽는다는 말인가? 안타깝게도 실상을 들여다보니 사십대 여성의 대부분이 일하느라 바쁜 엄마들이라 오프라인이 아닌 온라인에서 책을 산 것이었고, 그마저도 대부분은 아이들 참고서를 샀기 때문이란다. 그걸 제외하고 그나마 가장 잘 팔린 책은 미디어셀러라 불리는 언론에 노출된 책들이다. SBS 드라마 〈별에서 온 그대〉에서 김수현이 읽는 장면 때문에 알려진 《에드워드 툴레인의 신기한 여행》이 대표적이다.

여전히 대부분의 여자는 위험하지 않다. 여자가 사회문제에 관심도 없고, 제대로 된 생각이나 의식이 없다면 앞으로도 여전히 위험하지 않은 존재로 남자들의 옆에 있을 가능성이 많다. 그런 이유로 세상에서 진짜 위험한 여자는 책을 읽지 않는 여자가 아닐까? 그러니 세상을 보는 힘을 기를 수 있는 책과 시사 잡지라도 읽어보자. 지금까지와는 다른 분야의 책들을 많이 읽어보자. 사랑 이야기도 좋지만, 내가 살아가는 세상에 대한 진짜 이야기에 관심을 가져보자. 힘없는 자들에게 진짜 위험한 것은 진실을 모르는 것이다.

힘 있는 자들에게 위험한 것이란 힘없는 자들이 진실을 아는 것이다. 스스로에게 진짜 위험한 여자는 진실에 눈을 뜨지 못하고 세상 속에 묻혀 살아가는 여자다. 이대로 아무것도 모른 채 나 자신에게 가장 위험한 존재로 머무를 텐가?

꼭 한 번은
읽어야 하는
책들

사람은 자신이 경험해본 것에 대해서는 잘 공감하지만, 그렇지 않은 것에 대해서는 아무래도 공감하기가 어렵다. 상대방의 입장에 도저히 동화되지 않기 때문이다. 경험은 그래서 참 무섭다. 이십대 때 옆에서 아무리 옳은 말을 해줘도 이해가 안 되던 일들이 삼십대가 되고 사십대가 되면 저절로 이해되는 경우가 많다. 그렇기에 말보다 경험으로 알려주는 것이 더 이치에 맞고 현명한 일이다. 그러니 아마 지금의 내가 더 늙지 않고는 늙은 사람들의 심정을 알지 못할 게 뻔하다. 이렇게 모든 것에는 어쩔 수 없는 강, 틈이 존재한다. 그렇다고 어쩔 수 없이 존재하는 강은 바라만 봐야 할까? 그러면 해결되는 문제는 없을 것이고 그 강을 건너는 사람도 없을 것이다.

사실 우리 사회의 많은 문제는 그 틈을 좁히지 못해 생긴다. 그 틈을 좁히는 것을 '소통'이라고 한다. 그럼 서로를 이해하는 소통은 어디서부터 시작해야 할까? 관심이다. '서로 각자 삽시다!'라는 말에 깔린 구분 짓기는 소통을 가로막는다. 거기에 큰 틀을 보지 못하는 소시민적 사고야말로 소통을 방해한다. 자신과 다르거나 직접적인 관련이 없다고 해서 전혀 관심을 두지 않는 것만큼 사회에 위험한 것은 없다. 이것이 우리가 세상과 소통하기 위해 세상에 관심을 가져야 하는 이유다. 세상에 관심을 가지는 것은 여러 가지 방법이 있다. 직접 참여하는 방법도 있고, 책을 통해 정보를 얻는 방법도 있다. 관심도 뭘 알아야 생긴다.

오늘을 사는 여자라면 당연히 알아야 하는 것들이 있다. 직접 경험이 아니더라도 주변에서 보고 들어서 얻은 간접 경험으로도 공감할 수 있다. 지금부터 제시하는 책들을 읽어보면 사회문제에 대해 좀더 내 일이라고 느끼게 되지 않을까 싶다. 그렇게 점점 느껴지는 온도가 달라진다면 행동도 뒤따르게 될 터이다. 무엇보다 중요한 것은 관심을 두고 알아보려는 마음이다. 물론 책 몇 권을 읽는다고 갑자기 사회문제에 관심을 가지게 되거나 참여하거나 하지는 않을지도 모르지만, 이런 책들을 한 번이라도 읽어보는 것과 아예 한 번도 읽어보지 않는 것에는 엄청난 차이가 있다. 적어도 문제를 의식하고 있는 것과 문제가 있는지도 모르는 것은 다르기 때문이다. 나 역시 그랬듯이, 자기계발서와 달콤하고 쉬운 사랑 에세이는 많이 읽었어도 사회 고발적인 책은 한 권도 읽어보지 않은 여자가 뜻밖에 너무나 많다. 이제 바쁜 시간을 쪼개가며 몇 권이라도 읽어보자. 읽어서 알아야 한다. 책이 아니라면 다른 경로를 통해서라도 우리가 사는 세상에 대해 객관적인 정보를 가지고 있어야 한다. 여기 소개된 책들로 시작한다면 더없이 좋을 것이다.

가장 먼저 소개할 책은 지그문트 바우만 교수의 《우리는 왜 불평등을 감수하는가》다. 이 시대를 사는 사람이라면 반드시 읽어야 할 필독서다. 나는 이 책을 읽고 그동안 세상의 절반밖에 모르고 살았다는 부끄러움을 느꼈다. 현시대의 문제를 깨닫기에 이만한 책이 없어 보인다. 두께도 얇아서 읽기에 부담이 없다. 물론 내용은 쉽지 않아서 꼼꼼히 읽어야 한다.

바우만 교수의 책은 이 외에도 《고독을 잃어버린 시간》이나 《리퀴드 러브》를 비롯하여 많이 있다. 이 책을 읽고 다른 책을 찾아서 읽어봐도 좋을 것이다. 21세기의 사회를 확인하는 시간이 될 것이다. 시간이 걸리고 재미없어도 어려운 책을 읽어야 한다. 인문학 도서를 읽어야 한다는 말은 너무 많이 들어서 지겨울 테니 더 강조하진 않겠다. 다만, 인문학을 통해 사회에 대한 문제의식을 가지는 것이 현실적이고 필요하다는 이야기는 꼭 하고 싶다.

　바우만 교수의 책 다음으로 반드시 읽어야 할 책은 미국 매사추세츠 공과대학(MIT) 노엄 촘스키 교수의 《누가 무엇으로 세상을 지배하는가》다. 저널리스트인 베로니카 자라쇼비치와 드니 로베르가 세계적 석학인 촘스키 교수와 인터뷰한 내용을 담은 책이다. 이 책에는 지식인의 역할과 더불어 조작된 여론의 배달부에 불과한 오늘날 언론과 지식인들의 현실을 노골적으로 비판한다. 또 권력의 중심에 있는 거대 기업과 오늘날 민주주의를 비판한다. 진짜 세상을 보는 다른 시각을 얻을 수 있다.

　다음은 정말 꼭 한 번은 읽어봐야 하는 송경동 시인의 책들이다. 바우만 교수의 책이 지적인 부끄러움을 느끼게 했다면 송경동 시인의 시집 《꿀잠》은 감성적으로 부끄러움을 느끼게 했다. 그의 시를 읽으며 얼마나 울었는지 모른다. 우리 삶이 온전히 느껴졌다. 시를 읽고 눈물을 흘리기는 정말 처음이었다. 그동안 내가 읽었던 시들은 지극히 개인적인 감성의 향연이었는데, 송경동 시인의 시는 타인을 위해 울어주는 시였다. 이렇게 아름다운 시를 나는 본 적이 없다. 내가 느끼기에 고은 시인의 시보다 더 좋았다.

　또 송경동 시인의 산문집 《꿈꾸는 자 잡혀간다》를 읽고는 같은 대한민국에 살면서 이렇게 무관심했던 나의 인간성에 부끄러움을 느꼈다. 노동자라 불리는 사람들에 대한 나의 편견과 무지, 그리고 나 역시 노동자이고 노동자의 딸이었음에도, 그 사실을 자랑스러워할 줄 몰랐다는 부끄러움에 눈물을 흘렸다. 그들의 투쟁에 한번도 따뜻한 시선을 보내지 못했던 것을 반성하며 읽었던 책이다. 이 책 또한 꼭 읽어봐야 한다.

다음은 85호 크레인에 올라 희망버스의 주인공이 되었던 김진숙의 《소금꽃나무》다. 송경동 시인이 남성 노동자의 시선으로 세상을 말한다면, 김진숙은 여성 노동자로서 살았던 세상을 말한다. 그녀의 책은 나로 하여금 차마 부끄러워 고개를 들지 못하게 했다. 그간 모르고 살았던 세상의 절반은 나를 끊임없이 부끄럽게 했다. 그녀의 책에 얼굴을 묻고 펑펑 울어버렸다.

기록노동자 희정의 《노동자, 쓰러지다》 역시 반드시 읽어야 하는 책이다. 한 해에 노동자들이 2,000명이나 희생되는 산업 현장에 대해 고발한다. 르포르타쥬 형식의 글이라 읽기는 편하지만 내용은 편하게 읽을 수 없다. 우리가 철저히 외면했던 현실에 대해 저절로 반성하게 하는 책이다. 자신이 공장노동자가 아니라서 다행이라는 빌어먹을 위안이나 안도 따위를 왜 하지 말아야 하는지 알게 된다.

자신을 좌파라고 부르는 김규항의 책들도 모두 읽자. 《가장 왼쪽에서 가장 아래쪽까지》, 《B급 좌파》, 《좌판》은 우리 사회를 가장 현실적으로 비판하는 책이다. 보수뿐만 아니라 진보를 향한 비판도

하는 그의 책은 진짜 진보적인 것이 무엇인가에 대해 진지하게 생각하게 한다. 그러면서도 균형 잡힌 시각을 갖는 데 도움되는 몇 안 되는 좋은 책이다. 저자가 진정한 진보 논객이라는 확신이 들 것이다.

최근에 나온 책 중에 객관적인 정보를 얻기에 좋은 책들이 있다. 새로운사회를여는연구원에서 나온 《분노의 숫자》는 우리 사회에 만연한 불평등을 수치로 보여준다. 말로 하면 믿지 못하는 사람들에게 추천할 만하다. 실제 그렇다는 것을 확인하게 될 테니 말이다.

개마고원에서 나온 오찬호의 《우리는 차별에 찬성합니다》는 자기계발에 매달리는 이십대의 앞날을 우려하는 책이다. 우리가 이대로 아이들에게 성장만을 가르쳐서 이십대로 만들어야 하는지에 대한 근본적인 의문을 갖게 한다.

마지막으로 여자라면 꼭 읽어야 하는 책들이 있다. 페미니즘의 고전이라 할 수 있는 헬렌 피셔의 《성의 계약》이다. 요즘은 페미니즘에 대해 식상해하고 관심도 두지 않는 여자가 뜻밖에 많다. 물론 지금을 어떻게 살아가는가는 또 다른 문제이긴 하지만, 성의 기원이나 남녀의 역할 구분이 어디서부터 시작되었는지에 대한 기본 상식은 알고 있어야 하지 않을까? 여자라면 반드시 읽어야 할 책으로 추천한다.

또, 너무 달콤한 사랑 에세이만 읽었다면 올리비아 가잘레의《철학적으로 널 사랑해》나 에바 일루즈의《사랑은 왜 아픈가》를 권한다. 물론 이 두 책은 읽기에 편한 책은 아니다. 번역서인 데다가 학자들의 책이라서 딱딱하다. 하지만 사랑을 철학적, 생물학적, 사회학적으로 본 이 책들은 사랑에 대한 다른 생각들을 해보게 한다. 여기 소개된 책들 외에도 관심을 가지고 찾아본다면 읽을 책들은 너무나도 많다. 관심을 가지는 만큼 알게 되고, 아는 만큼 이해하게 되며, 이해하는 만큼 행동하게 되어 있다.

공부해서
남 주자

요즘 웬만한 정보와 지식은 포털 사이트 검색창에 단어 몇 개만 입력하면 관련된 내용이 다 나온다. 그래서 우리는 웬만한 것은 다 안다고 생각한다. 요즘은 모른다는 것에 시간 차이만 있을 뿐, 시간이 지나면 대부분 알게 된다. SNS를 통한 정보의 공유와 확산은 우리에게 무지란 것은 없는 것처럼 착각하게 한다.

하지만 포털 사이트에서 검색되는 것이 객관적이라고 말할 수 있을까? 대부분 포털 사이트는 기업이 소유하고 있으며, 소유주의 성향에 따라서 그 체제에 맞는 언어로 도배되어 있다. 심지어 소유주의 성향에 맞지 않거나 사회 체제에 적합하지 않다고 판단되는(물론 그 판단이 지극히 자의적이다) 연관 검색어가 삭제되는 일까지 발생한 적도 있다. 2014년 지방선거 당시 네이버에서는 여당인 '정몽준'과 '남경필'은 연관 검색어가 떴지만, 야당인 '박원순'과 '김진표'는 그렇지 않았다. 연관 검색어도 관리하는 이런 포털 사이트의 정보란 당연히 한쪽으로 치우칠 수밖에 없지 않을까?

　이런 사실은 무얼 말할까? 우리가 알고 있는 것이 진실인가를 의심해야 한다는 것이다. '합리적 의심'이란 말이 자주 쓰이는 것도 그 때문이다. 합리적 의심이란 모호한 '감'에 의한 의심이 아니라 구체적이고 명확한 사실에 근거한 의심을 말한다. 이는 편견에 빠지지 않는 하나의 방법이기도 하다. 무조건 의심부터 하고 보는 이른바 음모론에 빠지는 것도 이로울 게 없지만, 무턱대고 받아들이는 맹신적 믿음이야말로 위험하다. 혹시 우리는 이제껏 누군가가 알려준 것만을 진실이라 믿고 있었던 건 아닐까? 누군가가 알려준 지식이나 정보 말고 스스로 판단하고 선택한 정보를 가지고 있어야 진짜 안다고 말할 수 있다.

　그렇다면 안다는 것은 무엇이고, 모른다는 것은 또 무엇일까? 사람들은 자신이 모른다는 것을 자각하기 전까지는 스스로 모른다는 사실을 깨닫지 못한다. 그럼 언제 자신이 모른다는 것을 자각할까? 전혀 새로운 정보이거나 그동안 알고 있다고 생각한 것이 실제와 다르다고 느꼈을 때다. 어쩌면 '왜 내가 알고 있던 것과 다르지?'

라는 의심이 드는 순간이 진짜 무언가를 알아가는 출발점이라 할 수 있을 것이다. 이것을 소크라테스나 공자가 말한 '무지의 자각'이라고 하는데, 자신이 모른다는 것을 자각하게 되는 순간이야말로 안다는 것의 시작이고 가장 중요한 과정이기도 하다.

요즘 사람들에게 '모른다'라는 단어는 어울리지 않는다. 왜냐하면 수많은 책이 쏟아지고 있고, 손쉽게 찾아볼 수 있는 인터넷 정보의 홍수 속에서 살아가고 있기 때문이다. 현대인에게 세상은 알 만큼 아는 곳으로 여겨진다. 어쩌면 요즘 사람들에게 '모른다'의 반대는 '안다'가 아닐 수도 있다. 알면서도 제대로 보려 하지 않고 관심을 두지 않는 '외면'이 바로 '모른다'의 반대어가 아닐까? 사랑의 반대어가 미움이 아니라 무관심인 것처럼 말이다. 이렇게 개념을 아는 것과 그것이 우리의 생활에서 실제로 어떤 역할을 하는지를 아는 것과는 다르다. 진짜 안다는 것은 바로 '외면'하지 않는 것이다. 무관심을 거두고 두 눈을 부릅뜨고 적극적으로 참여하는 것이 진짜 제대로 아는 것이다.

공자는 아는 것은 안다고 하고 알지 못하는 것은 알지 못한다고 하는 것이 곧 아는 것이라고 했다. 아이러니하게도, 정보의 홍수 속에서 살고 있으므로 오히려 많은 것을 알고 있다는 착각이 자신이 모른다는 것을 깨닫지 못하게 막고 있다. 언젠가 우연히 한 방송에서 보수 성향의 미국인 중년 여성이 인터뷰하는 것을 본 적이 있다. 그녀는 오바마의 의료보험 개혁 시도를 강도 높게 비난했다. 그녀의 격앙된 목소리와 표정을 보며 사람이 자신이 가진 편견에 얼마나 맹목적일 수 있는지를 알게 됐다. 그녀가 사용하던 과격한 언사를 보건대 자신이 알고 있는 것에 대해 한 번이라도 의심을 해보거나 검증해보려고 노력하지 않았을 듯했다. 이것이 현대 지식인들의 함정이다. 자기가 알고 있는 것들은 단지 지식일 뿐 진짜 내 생각이 아닐 수도 있는데 말이다.

《자신의 머리로 생각하라》에서 치키린은 말한다.

> "알고 있는 것은 보통 지식이라고 하며 정보를 토대로 한 사고의 결과와는 다르다. (…) 어떤 정보를 보고 생각할 수 있는 모든 것을 열거하라고 할 경우, 긍정적인 면과 부정적인 면 둘 다 나오는 것이 지식에 속지 않는 순수한 사고의 결과이다."

이미 만들어진 정보와 여론을 그대로 받아들이는 것은 사고의 결과가 아니라는 말이다. 정보는 그야말로 단순지식인 경우가 많다. 그리고 경험을 토대로 하지 않는 정보는 나의 것이 아닌 경우가 많다. 이런 오류를 좁히기 위해 모든 정보나 지식에 대해 다른 면을 생각하고 판단하려는 노력이 있어야 한다. 앎이란 그냥 머리로 아는 것을 말하는 게 아니다. 그 앎으로 인해서 생활이 바뀌어야 진짜 아는 것이다.

《논어》에 '누군가 어제 책을 읽었는데 오늘 그 행동에 변함이 없으면 그것은 책을 읽지 않은 것과 같다'라는 내용이 있다. 진짜 안다는 것에 대한 명쾌한 해석이다.

그 앎을 삶에서 풀어가는 방식에서 우리는 길이 달라진다. 히틀러도 다독가였다. 하지만 그의 행동이 인류에게 도움이 되지는 않았다. 책을 어떻게 읽고 어떻게 받아들이느냐가 더 중요하다. 그 차이가 바로 행동의 차이를 낳는다. 단순히 지식을 가지고 있다는 것만으로는 결코 좋은 행동으로 이어지지 않는다.

아이들 공부시키는 가장 좋은 방법은 아이로 하여금 설명하도록 하는 것이다. 나 또한 아이들과 공부할 때, 아이가 헷갈려하는 것 같으면 나에게 설명해보라고 한다. 최고의 공부는 다른 사람에게 가르쳐주는 것이라 하지 않던가. 진짜로 안다면 다른 사람에게 말할 수 있어야 하지 않을까? 다른 사람과 나눌 수 있어야 하지 않을까? 내가 좋아하는 가수 강산에 씨의 노래 중에 〈공부해서 남 주자〉가 있다. 가사를 보면 '아는 게 힘이라지만 그 힘으로 무얼 하고 있지?'라는 대목이 나온다. 세상을 한번 죽 둘러보자. 독재를 일삼았던 사람들이나 지금도 특권층에 있는 사람들은 모두 배운 사람들이다. 그들은 그 배움으로 무엇을 했나? 진짜 안다는 것에 대해 진지하게 다시 생각해볼 필요가 있다.

한때 베스트셀러였던 1년에 365권을 읽게 한다는 독서천재 이야기에 너무 상심하지 않는 게 좋다. 1년에 365권을 못 읽으면 어떤가? 꼭 하루에 한 권씩 꼭 읽을 필요는 없다. 또 그게 가능한 사람이 얼마나 될까? 무리한 독서는 오히려 영혼을 피폐하게 할 수도 있다. 책은 가슴으로 읽어야 한다. 하루에 한 권씩 읽어치우는 책은 단순히 지식을 먹어치우는 괴물을 만들 뿐이다. 책은 가슴으로 받아들여 나의 그릇을 만드는 재료로 써야 한다. 책을 읽고 인생이 변한 경험을 한 나로서는 책이 주는 그 무한한 힘을 믿고 있다. 책은 온몸으로 받아들여야 힘을 발휘한다. 단지 도구로만 쓰고자 하면 책은 그저 도구에 머무를 것이다. 나를 여는 열쇠는 결코 될 수 없다는 말이다. 마치 달리기를 하듯 권수를 중시하는 독서는 최악의 독서다. 진짜 독서가 아니라 책을 읽었다는 증거가 필요해서 읽는 것이기 때문이다.

헤르만 헤세는《독서의 기술》에서 이렇게 말했다.

"몇 권 안 되는 책만 갖추고도 너무나 훌륭한 독자들도 얼마든지 있다. 농촌의 많은 아낙네가 책이라고는 그저 성경밖에 모르고 그 한 권밖에 소유하지 못했어도, 그들이 그 한 권의 책에서 얼마나 다양한 지식과 위로와 기쁨을 길어 올리는지는, 입맛만 까다로워진 부자가 온갖 값비싼 장서에서 얻는 것에 비할 바 아니다"

물론 헤르만 헤세가 이 글을 쓴 것은 1908년이고, 지식의 양이나 수준에서 그때와 지금을 비교하기에 무리가 있을지도 모른다. 하지만 책마저도 소비하려는 현대 소비사회와 닮은 자기계발식 독서는 문제가 있다. 이미 자기계발로 들어가 버린 독서를 다시 순수한 독서로 만들 수는 없을지도 모른다. 또 누군가의 주장처럼 그렇게라도 읽는 것이 좋을지도 모른다. 어떤 면에서는 분명 도움이 될 터이다. 하지만 그저 성공을 위해 책을 읽는다면, 차가운 머리로 많은 이들을 희생시켰던 히틀러처럼 잘못된 신념만을 키우게 될 수도 있지 않을까. 책은 무조건 가슴으로 읽어서 머리까지 따듯하게 데워야 한다. 그래야 진정한 앎이 되어 남에게 나누어줄 수 있다.

달곰한 책보다
쓴 책을 읽자

"선생님이다!"

여기저기서 후다닥 소리가 나면서 한바탕 소란이 지나간 후 선생님이 문을 열고 들어오셨다. 공부하는 척하고 있는 아이들 곁으로 다가선 선생님은 재빨리 책상 속으로 손을 집어넣어 무언가를 낚아챘다. 선생님 손에는 하이틴 소설 몇 권이 딸려나왔고, 그렇게 걸려든 아이들은 알밤 한 대씩을 선사 받았다.

"자율학습 시간에 누가 이런 거 읽으랬어!"

읽어도 되느냐고 물어보면 허락하지도 않았을 거면서, 게다가 사춘기 절정인 여고생이 누가 이오란다고 읽을까마는, 히어튼 그

날 저녁 선생님은 여러 권의 하이틴 소설을 압수했다. 고등학교 때, 야간 자율학습 시간이면 흔히 벌어지던 풍경이다. 당시 하이틴이니 할리퀸이니 하는 로맨스 소설을 한 권도 읽지 않은 여고생이 있었을까? 나 또한 선생님께 걸린 책이 여러 권일 만큼 로맨스 소설을 좋아했다. 소설을 좋아하는 취향은 그 후로도 이어져 꽤 오랜 기간을 소설만 주야장천 읽었더랬다.

하지만 소설은 그냥 소설이었다. 절대 현실적이지 않은. 소설이 아무리 현실을 반영한 문학이라 하더라도 거기 등장하는 사랑 이야기는 일상하고는 여전히 거리가 있다. 에세이도 마찬가지다. 여자들에게 잘 팔리는 사랑 에세이는 참 달곰하다. 초콜릿부터 사탕까지 여자가 좋아하는 맛은 달곰함이다. 알려진 것처럼 달곰함은 중독성이 있다. 그래서일까? 사랑 에세이나 소설은 우리에게 사랑에 대한 착각을 불러일으키고 기대를 하게 한다. 도대체 왜 여자들은 이런 달곰한 사랑을 좋아할까? 너무 현실을 몰라서? 과연 그럴까? 여자라고 현실 속의 남자들이 어떤지를 모르는 건 아니다. 단지 알면서도, '그럼에도 불구하고' 사랑을 믿고 싶은 건 아닐까?

아무튼, 여자들의 소설에 대한 사랑은 여전히 변하지 않아서 요즘 잘나가는 책 중에 여성이 구매한 책은 소설이 잡지류 다음으로 많다. 여자들의 독서 성향은 여전히 소설 아니면 사랑 에세이다. 쉽고 편하게 읽혀서일 것이다. 안타깝게도 지식을 얻을 수 있는 책이나 사회 현상에 대한 시각을 가질 수 있는 책들은 대부분 어렵다. 게다가 읽고 나면 한약이라도 먹은 것처럼 입안이 씁쓸하다. 갑자기 우울해지기도 한다. 그러니 잘 안 읽게 된다.

얼마 전에 이사한 지역은 택지가 조성된 지 얼마 안 된 곳인데 집이 싸고 좋은 데다 도심과 그리 멀지 않아서 이사를 결정했다. 지방이라서 그런지 아직 개발제한 구역이 많다. 개발제한 구역이 많다는 것은 개발이 늦어진다는 뜻이기도 하지만, 다른 한편으로는 산과 들판이 있다는 말이기도 하다. 추운 겨울에 이사를 와서 처음 맞게 된 풍경은 살벌했는데, 봄이 되니 여기저기서 새싹들이 올라왔고 사방이 점차 초록으로 짙어갔다.

산책을 하다 보니 유난히 씀바귀가 많았다. 여기저기 나 있는 씀바귀를 뜯어다 한동안 나물로 무쳐먹었는데 그 쓴맛이 참 좋았다. 본래 쓴맛은 내가 좋아하는 맛이 아니었다. 혀에 느껴지는 씁쓰레한 맛을 나는 즐기지 못했다. 그런데 이번엔 달랐다. 입맛도 나이가 드니 달라지는지 씀바귀의 쓴맛이 입에 착착 달라붙었다. 역시 세상에는 무엇 하나 머물러 있는 게 없나 보다.

책도 마찬가지가 아닐까. 지금은 싫다고 해도 자꾸 먹다 보면 색다른 맛이 가지고 있는 좋은 점을 느끼게 된다. 달콤한 사랑 에세이만 읽던 쉬운 독서에서 벗어나 어려운 책이 가지고 있는 맛을 느껴보자.

대체로 쓴맛이 나는 음식이 몸에 좋다고 하듯이 쓴 책도 삶에 더 좋다. 물론 소설도 읽어야 하고, 사랑 에세이도 읽어야 한다. 하지만 균형이 필요하다. 사랑 에세이를 읽었다면 사랑의 실체를 냉철하게 분석한 다른 분야의 책들도 읽어야 한다. 그래야 진짜 사랑을 하면서도 자신을 잃지 않고 균형 잡힌 일상 생활을 해나갈 확률이 높다. 내가 처음 헬렌 피셔의 《성의 계약》을 읽은 것도 결혼하고 남편과 생각의 차이 때문에 갈등을 겪었기 때문이다. 그 책을 읽고 나서 페미니즘에 대해 더 확장된 독서를 하진 못했지만, 내가 알고 있던 남녀관계의 달콤함에서 벗어나는 계기가 된 것만은 확실하다.

그때의 나도 그랬지만, 이론에 기반을 둔 책들은 대체로 어렵다. 입맛에 맞지 않는다. 그럼 어떻게 해야 하나? 입맛에 안 맞는 책을 읽는 첫 번째 방법은 여유를 갖는 것이다. 속도를 중시하는 우리 사회답게 우리는 모든 면에서 조급하다. 이 책을 어서 빨리 읽어야 하는데 하는 마음에 눈으로 스캔만 하기 십상이다. 하지만 그러다가는 마지막 장을 덮고 나서도 지금 읽은 것이 책인지 종이인지 구별하기 어렵다. 많이 읽어야 한다는 강박관념 때문에 속도만 내다 보면 진짜 알아야 할 것들은 다 놓치고 만다.

여유를 갖고 읽어야 하는 책일수록 도서관에서 빌리지 말고 돈을 들여서 사라. 그래서 한 달이고 두 달이고 두고 읽어라. 여기서 중요한 것은 하루 한두 쪽이라도 읽어야 한다는 것이다. 안 보이는 데 처박아두지 말고 곁에 두고 아주 천천히 읽는 것이다. 정답인 것처럼 제시하는 독서에 대한 어떤 말도 듣지 마라. 그냥 제대로 읽는다는 것만 생각하면 된다. 그렇게 해서 어느 순간 다 읽으면 분명 남는 게 있다. 하다못해 성취감이라도 남는다. 아무것도 남는 게 없는 것만큼 허망한 것도 없지 않은가. 읽다 만 책만큼 아쉬운 것도 없다. 천천히 여유를 가지고 즐기면서 읽어라. 속도가 느려도 괜찮다. 읽기 어려운 책일수록 여유를 가지고, 오래 걸리더라도 꼭 다 읽어야 한다. 그러면 된다. 게다가 책을 사면 돈이 아까워서라도 읽게 되고, 그게 아니더라도 집에 있는 책들은 언젠가는 읽게 될 것이다.

입맛에 안 맞는 책을 읽는 두 번째 방법은 쓰면서 읽는 것이다. 책을 읽으면서 읽은 구절에 대한 느낌이나 떠오르는 생각을 여백에 적어놓는 것이다. 내 경험상 이것이 책을 제대로 이해하는 가장 좋은 방법인 듯하다. 또, 책을 읽으면서 좋은 구절을 만나면 노트에 기록해두는 것도 좋다. 단, 책에 하는 메모는 책을 읽고 그것과 관련된 것이어야 한다. 어느 날 문득 펼쳐본 책에서 이전의 내가 남긴 메모를 보면 반갑기도 하고 다시 기억이 재생되니 더 오래 남는다. 무엇보다 이 방법의 가장 큰 장점은 책을 읽는 것을 어느 순간 즐기게 된다는 것이다 책은 친구와도 같이 늘 곁에 두고 좋은 구절에는 느낌표도 달아두고, 이해가 안 되면 물음표도 달아두고 하면서 함께 놀아야 한다. 그렇게 추억을 만들어가야 한다.

언젠가 도서관에서 책을 빌렸더니 책갈피 속에 네 잎 클로버가 여러 개 끼워져 있었다. 나보다 먼저 대출했던 누군가가 한 일이었으리라. 그걸 보니 어쩐지 선물을 받은 듯한 기분이 들었다. 모르는 누군가의 추억을 공유한 것이다. 책은 이렇게 친구가 되어간다. 이런 식으로 책을 읽다 보면 언젠가는 내 가슴이 펄펄 끓어오르는 책을 만날 수 있을 것이다. 그런 책은 때로 인생을 바꿔놓기도 한다. 책에는 그런 힘이 있다.

또 책을 읽는 시간이 늘어나면 늘어날수록 저절로 빨리 읽힌다. 배경지식이 늘어났기 때문이다. 책 읽기는 이렇게 쌓인다. 한 권씩 읽어가다 보면 어느새 어려운 책도 만만하게 다가와 있을 것이다. 그러다 어느 순간 세상을 보는 관점이 많이 달라져 있음을 알게 된다. 알베르토 망구엘은 《독서일기》 서문에 이렇게 적었다.

"지면을 훑어 내려가듯 읽으며 책장을 넘기는 순간 앞의 내용을 잊어버린다 해도 상관없는 책들이 있다. 그런가 하면 경건한 마음으로 읽으며 감히 동의하거나 반박할 엄두를 못 내는 책들도 있다. 순수한 정보만을 담고 있어서 가타부타 언급할 여지가 없는 책들도 있고, 오랜 세월을 두고 깊이 사랑하며 그야말로 가슴으로 읽은 까닭에 토씨까지 줄줄 외울 수 있는 책들도 있다."

책은 어떤 강박관념을 가지고 읽는 것이 아니다. 마치 일상처럼 편하게 접근해야 한다. 대체로 책을 많이 읽는 사람들은 책을 좋아한다. 책을 좋아하는 사람에게 책은 그저 일상이다. 어려운 문제를 푸는 방법의 하나는 사랑해버리는 것이다. 책을 사랑해버리자.

배움의
참맛을 알다

학교에 다닐 때는 배운다는 것이 즐겁지도 좋지도 않았다. 그저 선생님이나 교수님들이 하는 이야기를 듣는 것이 전부였다. 들어서 소화를 시키라는 말은 그저 음식을 먹고 소화한다는 것과 별 차이가 없는 말이었다. 선생님이나 교수님들이 전해주는 좋은 말은 나를 지나서 이 세상 어딘가로 흩어지는 공기였다. 어떤 고마움이나 가치도 느낄 수 없었다. 배운 것은 거의 없는 채로, 그렇게 학교라는 곳에서 세상으로 나와 깨지고 다치고 상처 입으면서 알게 된 것이 더 많았다. 하지만 그것도 배움은 아니었다. 배움이란 즐거워야 한다. 배움이 즐거우면 무언가를 깨달았다는 의미이기도 하다.

하나하나 알아간다는 것 자체가 즐거운 것, 그것이 진짜 배움이다.

정조는 배움에 대해 이런 말을 남겼다.

"경서에 쓰인 성인의 말을 말하는 것은 사람이 신명이 나서 어깨를 들썩이고 발을 구르게 하는 일이다. '고기가 입에 맞는 듯하다'는 선비의 비유는 절실하게 들어맞는 정도만이 아니다. 근래에는 신하 중에 배움을 좋아하는 자가 없어서 내가 토론하고자 하여도 말할 사람이 없다. 이것은 높고 멀어서 행하기 어려운 일이 아닌데, 단지 번거로움을 견디지 못하고 오래도록 버티지 못해서 그런 것일 뿐이다."

정조의 말 중 '고기가 입에 맞는 듯하다'는 《맹자》의 〈고자〉 상편에서 "의리(義理)가 나의 마음에 좋기가 추환(芻豢)이 나의 입에 좋은 것과 같다"라는 부분을 인용한 것이다. 여기서 추환은 가축의 고기를 가리킨다.

정조는 성인의 글이 마음에 와 닿으면 어깨를 들썩이고 발을 구를 정도로 즐거워했다. 나 또한 이런 즐거움을 마흔이 넘어서야 알게 되었다. 누가 억지로 시켜서 하는 공부가 아니라 순수한 목적으로, 내가 너무나 부족한 것 같아서 하나하나 배우고 싶다는 생각이 들었더랬다. 가능하면 지나가는 강아지한테도 배우고 싶었다. 사실 배운다는 말에는 자신을 낮추는 겸손함이 들어 있다. 자신이 부족하다고 생각하지 않는 사람은 아무리 좋은 사람을 만나도, 아무리 좋은 책을 만나도 배우지 못한다.

배운다는 건 겸손해지는 것이다. 겸손함이 배어 있는 사람에게 배움은 끝이 없다. 나이가 들수록 겸손한 사람이 좋다. 하지만 겸손하기가 쉽지 않다는 것을 나부터도 너무나 잘 안다. 요즘엔 모두들 너무나 바빠서 사람의 내면을 볼 시간이 없어서인지 겸손한 사람은 그냥 순해 터진 바보 정도로밖에 안 보니까 말이다. 진정 평등하고 민주적인 세상이 되려면 우리 내면을 먼저 순화해야 한다는 견해들이 그래서 더 공감된다. 다른 사람들의 권리를 위해 투쟁하고 싸우는 분들은 대개 순수하고 겸손하다. 물론 겉으로 보이는 모습이 거칠 수도 있지만, 제 잘난 맛에 빠져 사는 사람치고 다른 사람의 아픔에 깊게 공감하는 경우를 못 봤다.

또 정조는 배움에 있어서 번거로움을 견디라고 말했다. 어렵고 딱딱한 책들은 읽기에 번거롭다. 모르는 용어들도 많고 귀찮아진다. 그래서 읽다가 만다. 이렇게 편하게 읽으려고 하니 쉬운 책만을 읽는 것이다. 배우고 싶거든 책 읽기에서 수고로움을 마다하지 말아야 한다. 이런 수고로움조차 즐거울 때 비로소 배움은 시작된다. 세상에 떠도는 수많은 격언이 좋다는 것은 누구나 알고 있지만, 그걸 자기 안으로 받아들이는 이들은 별로 없는 듯하다. 그 이유는 무엇보다 '생각하기'를 싫어하기 때문이다. 곱씹어보는 시간적 여유가 현대의 우리에게 없기 때문이다. 하지만 우리에게 정말

없는 것은 시간이 아니라 의지가 아닐까. 배움을 노래하는 최고의
말이 있다. 바로《논어》〈학이〉 편에 나오는 유명한 글이다.

"學而時習之(학이시습지) 不亦說乎(불역열호)

배우고 때로 익히면 또한 즐겁지 아니한가."

학창 시절 한문책 맨 앞에 나오던 구절이기도 하다. 너무 유명한
말이라 익히 알고는 있었지만 그 깊은 의미는 마흔이 넘고서야 알
았다. 배운다는 것이 이렇게 신 나는 것인 줄, 이렇게 짜릿한 것인
줄 몰랐을 때는 그저 '공자왈 맹자왈' 중 하나로만 여겼다. 그러다
내가 생활에서 체험한 다음부터는 바로 나의 이야기가 됐다.

학창 시절에도 느끼지 못했던 배움의 즐거움은 행동을 바꾸게
했고, 생활을 변하게 했다. 책을 읽으면서 배움을 얻을 때마다 짜
릿한 감동을 느낀다. 감동으로 받아들이는 배움은 내 삶의 깊이가
된다. 산다는 것은 결국 무언가를 깨달아가는 과정이 아닐까? 배
움이란 내가 알고 있던 것을 깨부수고 새로운 것을 받아들이는 것
이다.

사회가 복잡해질수록 고전에 대한 관심이 높아가고 있다. 특히
《논어》, 《맹자》를 비롯한 동양사상의 인기가 높아지고 있다. 예전
이 나는 동양사상에 대해 아무 관심이 없었고, 그저 고리타분하다

고만 생각했다. 그건 당시 사회적인 분위기이기도 했다. 21세기가 시작되기 전 마지막 해인 1999년에 《공자가 죽어야 나라가 산다》라는 책이 나왔다. 우리나라에 팽배한 유교사상을 뿌리 뽑아야 한다던 저자의 주장은 꽤 많은 이들에게 신선한 충격을 안겨주었고, 한편으로는 괘씸죄를 추궁받기도 했다. 나 역시 신선한 충격으로 고개를 끄덕였지만, 15년이 지난 지금은 많이 달라졌다. 동양사상이 새로이 주목받으면서 《논어》가 베스트셀러에 올라 있고, 《논어》를 해석한 책들도 꾸준히 인기다. 공자를 다시 배우려는 사람들이 늘고 있다.

동양사상은 어떻게 받아들이냐에 따라 굉장히 달라진다. '사람 공부'라는 면에서 동양사상만 한 것이 없다. 결국 중요한 것은 '인간'이다. 21세기가 되면서 인간을 중심으로 생각하고 배워야 한다는 것이 더 중요시되고 있다. 하지만 생각해봐야 할 과제는 남는다. 처음의 순수한 의도와는 다르게 진짜 인간을 중시하는 것인지, 인간의 세상에서 살아남기 위해 인문학을 공부하려는 것인지에 대한 문제다. 모든 것을 스펙으로 만드는 요즘, 인문학마저 스펙으로 만드는 현상에 대해서는 비판해야 한다. 인문학책 읽기가 대입 논술이나 스펙의 하나로 들어가면서 정작 중요한 '인간을 이해하는 마음'을 잃어버리는 것은 아닌지 말이다.

인문학이 대세인 요즘 여기저기서 인문학 강좌가 열리고 인문학

책을 읽어야 한다고 입을 모은다. 우리나라에서는 흔히 문학, 역사, 철학만을 말하지만 본래 인문학은 분야가 광범위하다. 미국에서는 언어학과 고고학, 예술사까지 포함한다. 예술 또한 인간의 표현 활동이라고 보기 때문이다.

인문학이 사람을 알아가는 거라면 사람끼리 서로 존중하고, 더 평등하고, 더 보편적인 삶에 대한 공부를 하는 것이 진짜 사람 공부가 아닐까. 어딘가에서 부당한 대접을 받고 있는 사람을 외면하면서 인문학 공부가 무슨 의미가 있겠는가. 회사에 노조를 만들지 못하게 하는 사장이 인문학 운운한다면, 그것은 뜬구름 잡는 얘기일 뿐이다. 이 현실에 적용하는 펄펄 뛰는 공부를 해야 한다. 그것이 진정한 공부다.

도서관에서 글쓰기 강의를 하다 보면 글을 참 잘 쓰시는 분들을 만나게 된다. 도서관이라는 특성상 대부분 주부가 많다. 특별한 사회 활동 없이 가정주부로서만 살아온 분들인데도 사회에 대한 관심과 열린 시각을 가지고 계시다. 그런 분들을 만나면 존경심마저 든다. 순수하고 따뜻한 시선으로 세상을 읽고 써내려가는 글솜씨를 보면 감탄이 절로 나온다. 어디 숨어계시다 나오셨나 싶을 정도다. 도대체 어떻게 저럴 수 있을까를 생각해보면 답은 참 간단하다. 그분들은 삶에서 얻어낸 지혜가 있다. 고대 그리스 철학자 헤라클레이토스도 다양한 지식과 공부가 지혜로 연결되는 것은 아니라고 말했다. 그분들은 자신들이 삶에서 겪은 경험으로 펄펄 살아 있는 사람 공부를 했다. 사람을 공부한다기보다 아마 사랑했을 것이다. 그러면서 저절로 사람에 대해서, 인생에 대해서 알게 되었을 터이다.

스펙을 위한 인문학 공부가 아닌 진짜 사람 사는 세상을 위한 인문학 공부를 했으면 좋겠다. 그런 사람이 많아지면 분명 사람을 먼저 위하는 정치인, 사람을 먼저 생각하는 기업인이 나오지 않을까. 이것이 정치를 덕치로 봤던 동양사상을 우리가 다시 봐야 하는 진짜 이유다.

내 인생 한 권의
책을 갖자

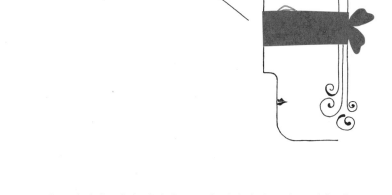

책을 참 좋아한다. 대학 시절에도 돈이 생기면 옷보다는 책을 샀다. 책에 대한 애정이 남달라서 책장에 책이 쌓이는 것만큼 만족스러운 것도 없다. 자기소개란의 취미가 무어냐는 질문에 가장 만만한 대답이었던 독서가 아니라, 나에게 책은 진짜 취미였다. 하지만 책이 그저 단순한 취미로만 머무른다면 진정한 매력을 제대로 알지 못하는 것이다. 때로 누군가에게 책은 취미를 뛰어넘는다. 그것이 책이 가진 위대한 힘이다. 책은 사람을 변하게 하는 마법을 지녔다.

사람은 경험하지 않으면 잘 믿지 않는다. 나 또한 그랬다. 내 눈과 귀로 보고 들은 게 아니면 일단 의심부터 했다. 《내 인생을 바꾼 한 권의 책》을 읽으면서도 그게 진짜라고 생각하지 않았다. 그랬던 내가 이제는 누군가 책을 읽고 삶이 변했다고 말하면 고개를 심하게 끄덕인다. 바로 내가 경험했기 때문이다.

하지만 우리는 때로 자신의 경험조차도 왜곡한다. 사람의 기억은 지극히 주관적이다. 절대 객관적으로 기억하지 않는다. 형제끼리도 어릴 적 겪었던 사건을 가지고 제각각 자기 위주로 기억한다. 경험을 토대로 무엇을 받아들이고 생각하느냐의 차이다. 내가 읽고 감동해서 인생을 변하게 한 결정적인 책이라도 다른 누군가에게는 지루하고 그저 그런 평범한 책이 될 수도 있다는 말이다. 사람이 다양한 만큼이나 책도 다양하기 때문일 것이다. 그리고 보면 책에도 인연이 따로 있는 건지 모르겠다.

평범한 삼십대 후반이었던 나에게 특별한 일이 일어났다. 절대 의도하지도, 예상하지도 않았는데 우연히 읽은 책 때문에 나의 삶에 엄청난 변화가 생겼다. 지금은 글쓰기 책을 내고 강의를 다니지만 나를 변화시킨 책을 읽기 전에는 이런 나를 감히 상상하지 못했다. 내 인생을 바꾼 단 한 권의 책은(물론 정확히는 한 권이 아니라 열두 권짜리지만) 야마오카 소하치의 《대망》이라는 책이다. 지금 생각해봐도 왜 그 책이 나를 그토록 변하게 했는지 잘 모르겠다. 그나마 유일하게 찾을 수 있는 이유라면, 당시 나는 모든 것을 포기하고 싶어 했을 정도로 좌절과 무력감에 사로잡혀 있었다는 것이다. 나에 대한 비하감과 좌절감 때문에 삶의 밑바닥을 헤매고 있을 때였다. 건강도 안 좋았고, 경제 상황도 악화했고, 인간관계마저 틀어져 있었다.

그러던 어느 날 우연히 도서관에서 《대망》을 봤다. 몇 년 전 어떤 분이 나에게 글을 쓰고 싶으면 《대망》을 꼭 읽어보라고 했었다. 지금 생각해보면 도서관 서가에 꽂혀 있는 그 책을 본 순간 그분의 말이 떠오른 것은, 어쩌면 운명이고 동시에 행운이었지 싶다. 한 달을 넘게 그 책만 끌어안고 있었다. 화장실에 갈 때도 들고 갔다. 살면서 그런 순간이 다시 올까 싶을 만큼 《대망》을 읽으면서 내가 느낀 것은 일반적으로 설명하기 조금 어려운 신기한 경험이기도 했다. 어디선가 머리가 하얀 현자가 나타나 내 머리와 어깨를 토닥이며 이렇게 말하는 듯했다. "인생이란 원래 그런 것이다. 그러니 너무 힘들어하지 마라."

진짜로 어떤 사람이 내게 와서 이런 말을 하며 위로를 주었다고 해도 내가 변할 수 있었을까? 책이 사람보다 더 나았다. 책 하나로 마음속 어둠을 떨쳐냈다. 그리고 무언가 억울하고 잘못 살아온 것만 같던 내 삶에 대해 자존감을 회복할 수 있었다.

《대망》은 나에게 말했다. 사람의 길은 선하게 사는 것이라고. 착하게 살아왔다고 생각했지만 아무런 부담도 없는 삶에 대한 원망이 쌓여가고 있었는데, 인간이 마땅히 걸어가야 할 길은 '선한 길'이라고 《대망》은 말해주었다. 이해인 수녀님도 한 인터뷰에서 이렇게 말씀하셨다. "분별 없는 착함보다는 선한 의지가 좋다."

삶에서 철학을 가지고 있는 것과 그렇지 않은 것은 엄청난 차이다. 대책 없이 착하기만 한 사람은 자신에 대한 뿌리가 약하다. 왜 착하게 살아야 하는지에 대한 신념도, 확신도, 이론도 없는 착함은 언젠가는 나를 배신하고 절망과 실망을 줄 수 있다. 게다가 그런 착함은 부당함과 불의에 대해 분노할 줄도 모른다. 하지만 선한 의지를 가졌다면 마땅히 선하게 살아야 한다는 걸 스스로 설명할 수 있고, 그러기에 신념을 가질 수 있다. 어떤 어려움이 닥쳐도 흔들리지 않고 사람의 길을 걸어갈 수 있다. 포기하지 않을 의지가 생기고 부당함에 저항할 수 있는 용기가 생긴다. 우리가 책을 읽고 배워야 하는 것은 바로 사람답게 살기 위한 신념과 확신이다.

《대망》은 나에게 크게 두 가지를 변하게 해주었다. 첫 번째는 인생을 보는 관점의 변화였다. 나 개인의 인생밖에 못 보던 좁은 시야에서 '멀리, 크게 보는' 관점의 전환이 일어났다.

"인생은 무거운 짐을 지고 걸어가는 나그네 길이다. 저마다 주어진 짐은 크기도 무게도 다르지만, 그 짐이 무거울수록 깨달음은 커진다."

이 구절을 읽는 순간, 마치 골방에 갇혀 있다가 언덕에 올라서서 마을을 내려다보는 듯한 기분이었다. 세상을 보는 눈을 하나 더 얻은 듯했다. 그동안 나를 짓누르던 알 수 없는 답답함에서 벗어나 진정한 자유스러움을 느낀다는 건, 정말 감동 이상의 무엇이었다. 그때부터 인생이란 큰 틀을 놓고 나를 보게 되었다. 또, 자신에게 주어진 삶을 의연하게 견뎌내는 '굳은 의지'를 가진다는 것이 얼마나 멋진 것인가를 깨달았다. 더는 힘들다고 징징거리지 말아야 했다. 사람이 이렇게 한순간에 훌쩍 성장할 수도 있다는 것을 나 자신을 통해 확인했다.

《대망》이 나에게 준 두 번째 변화는 가치관의 전환이었다.

"사람의 크기는 무엇에 집착하느냐에 따라 달라진다."

이 구절은 앞으로 남은 인생을 어떻게 살아가야 하는가에 대한 답을 얻게 해주었다. 돈이나 명예 또는 여자로서의 소박한 삶에 집착하면 그런 그릇밖에 안 되겠구나 하는 생각이 들었다. 이왕이면 남들에게 도움이 되는 사람이 되고 싶었고, 보다 큰 가치에 집착하고 싶었다. 그때부터 사익이 아니라 공익에 대해 생각하게 되었다. 내 아이도 중요하지만 모든 아이가 중요하다는 생각을 하게 되었다.

인생에서 삶의 방향을 바꾸게 할 정도의 힘을 가진 것은 아마 얼마 되지 않을 것이다. 나에게는 그것이 책이었다. 하지만 모든 것은 그 자리에 머무르지 않는다. 또 다른 것들이 나에게 영향을 줄 터이다. 지금의 생각이 변할 수도 있다. 그런데도 벼락을 맞은 듯 한순간에 눈이 뜨인 경험은 나를 지탱하는 힘이 되고 있다.

살면서 이렇게 감동을 주는 인생의 책 한 권은 가져보는 게 어떨까. 그것이 삶을 통째로 변하게 할 만큼 강력한 것은 아니라 할지라도 '어떻게 살아야 하는가'에 대한 답을 스스로 내릴 만큼은 될 테니 말이다. 요즘의 우리는 '어떻게 살아야 잘 사는 것인가' 하는 질문을 잘 하지 않는다. 그보다는 '어떻게 하면 돈을 많이 벌까', '어떻게 하면 성공할까'를 묻는다.

이 질문에 타인을 위한 공간은 없다. 철저히 이기적이지 않으면, 성공하기도 돈을 벌기도 어려운 것이 지금 우리가 사는 사회의 구조다. '나' 위주의 사고에서 '우리'를 포함한 세상으로 관점의 전환이 일어나면 더 행복해질 수 있다. 내가 조금 덜 가진다는 말은 다른 누군가에게 조금 더 주었다는 말이기도 하니까. 생각만으로도 세상은 조금씩 변한다. 의식의 전환이 중요한 것은 바로 그런 이유에서다. 그 옛날 자유를 갈망하던 이들에 의해서 자유가 쟁취된 것처럼, 우리가 모두 한마음으로 평등한 사회를 갈망한다면 그런 세상이 조금 더 가까이 다가올 것이다. 이 세상에 변하지 않는 것은 없다. 우리 사회도 변해왔다. 이제 더 나은 세상으로 변하게 해야 한다. 제아무리 잘났다 한들 혼자서는 살아갈 수 없다. 더불어 사는 세상을 위한 올바른 가치들을 찾아내 내 안의 등불로 삼아야 한다. 어떠한 고난이 와도 꺼지지 않는 그 등불들이 모여 세상을 빛나게 할 것이다.

진보하는 여자를 위하여

큰아이가 저녁을 먹으면서 물었다.

"엄마, 여자가 가게를 지나가다 '이거 예쁘다'고 말하면 사달라는 뜻이에요?"

"하하, 뭐라고?"

이제 겨우 중학교에 들어간 아이의 말치고는 너무 구체적이라 일단 웃음부터 나왔다.

"그렇다고 말하긴 하지. 그건 어디서 본 거야?"

"TV에서 그러던데요?"

"그런데 있잖니, 그게 맞더라도 그렇게 말하는 여자애는 사귀지 마라."

"왜요? 사주면 안 돼요?"

"사주어도 되지. 근데 더 중요한 문제가 있어. 남자에게 의지하는 여자는 남자한테도 안 좋지만, 그 자신한테는 더 안 좋아. 홀로 서질 못하거든."

아이는 알겠다며 고개를 끄덕였지만, 충분히 이해하고 수긍한 것으로 보이진 않았다. 녀석도 사춘기가 되더니 벌써 '여자는 보호해주어야 한다'라는 식으로 나름의 관념을 만들기 시작한다.

아이들은 부모나 학교, 사회에서 보고 듣는 것들로 세상을 배운다. 그런데 대중매체에서 여자를 표현하는 방식이 여전히 보수적이다. 한동안 큰 인기를 끌었던 드라마 〈괜찮아, 사랑이야〉에서 이혼한 여의사가 '여자답다'와 '엄마답다'라는 말이 가진 폭력성을 언급하는 장면이 있었다. 이미 규정해놓은 역할이 때로는 족쇄처럼 사람을 옥죄고, 그에 맞는 역할을 하지 못하면 사람들이 색안경을 끼고 본다는 얘기였다. 격한 공감을 불러일으킨 장면이었다. 사람의 가치는 자리나 위치나 역할로 단정 지을 수 없다.

이런 잘못 만들어진 남녀관계의 공식들로 피해를 보는 건 무언가를 사달라고 말하는 여자일까, 아니면 돈을 내는 남자일까? 정답은 모르겠지만 확실한 건 둘 모두에게 좋지 않다는 것이다. 가장 근본적으로는 남자든 여자든 성을 떠나서 생각하고 행동해야 한다. 무엇이 됐든 간에 경제적으로 나은 사람이 내는 게 보다 합리적이다. 마찬가지로 더 큰 규모의 경제구조에서도 부자가 돈을 더 내는 게 맞다.

여전히 우리는 데이트 비용에서 남자들이 더 많이 내거나 부담하는 것을 당연하게 여긴다. 사람과의 관계가 건강한 경우는 서로 동등할 때다. 가볍게 생각하면 별것 아닐 수 있다. 물건 하나 받았다고 해서 의존적이 되는 게 아닐 수도 있고 말이다. 하지만 아무 개념 없이 이런 관계를 당연시하고, 한 번도 의문을 제기하거나 품어 보지 않는 것은 문제가 된다. 더구나 자본주의 사회에서 누군가에게 물건을 공짜로 받는 것은 새로운 권력관계가 생길 여지가 있다. 자본주의 사회에서 권력은 경제력에서 나온다. 그렇기에 권력을 행사하는 방법 중 하나가 바로 돈을 주는 것이다.

여자가 경제적으로 독립적이라는 것 하나만으로도 얼마나 많은 자유를 얻을 수 있는지, 결혼을 하면 더 절실히 깨닫게 된다. 경제적 독립뿐만 아니라 정신적으로도 독립적이어야 한다. 그래야 진짜 자유로울 수 있다. 정신적으로 독립을 못 하면 경제 활동에 대한 의지가 약하다. 기댈 수 있는 남자가 있다는 생각은 언제든지 여자의 자유를 구속한다. 그러니 이제 남자에게 사달라고 하지 말자. 자기가 필요한 것은 자기가 사는 게 맞다. 세상에 공짜가 없다는 말은 자본주의 사회에서 불변의 진리다. 특히, 돈이 오가는 관계에 공짜는 거의 없다. 여자들 스스로 남자들에게 무언가를 사주기를 바란다면 어떻게 양성평등을 주장할 수 있을까?

물론 사회구조적으로 남자들의 임금이 더 많다. 그렇다면 임금평등을 위해 사회 변화를 요구해야지 기껏 남자에게 '니들이 월급을 더 많이 받으니 데이트 비용도 더 내고, 명품가방도 사줘'라는 건 말이 안 된다. 우리 스스로 이런 자가당착의 의식에서 벗어나지 않으면 양성평등의 길은 멀다. 남자에게 의지하려는 이런 속내들이 결국은 남편의 지위와 자신을 동일시하는 착각으로 진화한다.

얼마 전 페이스북에서 본 글인데, 어떤 음식점에서 일어난 일이라 한다. 세월호 사건과 관련해서 한 중년 부인이 희생된 아이들이 가난한 부모에게 보상금을 타게 해주었으니 잘된 거라는 막말을 했다고 한다. 이 말을 들은 음식점 주인이 너무 화가 나서 그녀들에게 물을 끼얹었고, 그 일로 경찰서에까지 갔다는 것이다. 알고 보니 그녀의 남편은 대학교수였으며 사실을 알게 된 교수가 문제가 커질까 봐 얼른 달려와 수습했다는데, 소위 남편 잘 만나 팔자 편한 여자가 어렵고 소외된 사람들을 바라보는 시각은 정말 실망스럽다. 물론 그렇지 않은 이들도 많겠지만, 여전히 남편만 의지하는 사모님들의 부르주아적이고 이기적인 모습은 젊은 여성들에게 여성의 권리나 사회적 지위에 대해 진보적인 영향을 주지 못한다. 삼종지도를 고리타분한 족쇄라고 길길이 비난하던 여자가 무입에 가서는 남편의 지위를 내세우며 고개를 치켜세우고, 잘나가는 자식을 자랑하며 고개 빳빳이 세우는 이중성을 흔히 보인다. 여기서 벗어나야 한다. 이런 모습들을 보고 자랐거나 그런 엄마들에게 교육받은 딸들이 직업 좋은 남자를 찾기 위해 벌이는 게임은 어쩌면 당연한 결과를 가져온다. 이런 사회에서 여성이 평등할 권리를 요구하기란 얼마나 어려울지 안 봐도 뻔하다. 카페의 평범한 여자들에서부터 변화는 시작되어야 한다.

사회적으로 알려진 유명 인사만이 사람들에게 영향을 주는 것이 아니다. 따지고 보면 우리는 유명한 사람보다 주변의 사람들에게 더 많은 영향을 받는다. 그런 이유로 한 사람의 제대로 의식화된 여자가 동네에서 활동하면 그 동네 여자들이 모두 변한다. 서로에게 영향을 주는 거울이 되어야 한다. 그런 활동들이 마치 혈관처럼 이 사회 곳곳에서 일어나야 한다.

자신의 위치에서 그런 노력을 하는 여자가 진보적인 여자가 아닐까. 진보적인 성향이란 무엇이든지 거부하고 반항하고 전복을 꿈꾸는 것이 아니다. 진보란 한 자리에 머물러 있는 것이 아니라 날마다 조금씩 성장하는 것이다. 조금씩이라도, 거북이처럼이라도 변해가야 하는 것이다. 단지 그 방향이 사람을 향하기만 하면 된다.

어찌 보면 참 쉬운 것이 함께 사는 건데, 사람 위주로만 생각하고 판단하고 정책을 결정하면 되는 건데 말이다. 그러면 노동자도 안전하게 일하고, 좀더 사람답게 하루를 살고, 자살하고 싶은 마음이 없어지게 할 수 있을 텐데.

자본주의 체제가 갑자기 사라지거나 자본가들의 생각이 일제히 바뀌어 공정한 분배와 사회적 기여를 하는 착한 자본주의로 변하지는 않을 것이다. 그만큼 자본주의는 인간의 욕망과 배를 맞대고 있고, 그 경계를 허무는 것이 쉬운 일은 아니다. 그럼에도 더 좋은 세상이 될 거라고 희망을 품는 것은 이미 세상을 변화시키기 위해 행동에 나선 분들 때문이다. 사회운동권에서 발로 뛰고 있는 운동가들도 있지만, 이 땅의 작은 곳에서 활동하고 있는 많은 진보 여성이 있다. 내가 아는 분은 자기가 사는 작은 동네에서 폐지 줍는 할머니들에게 한글을 가르쳐주고, 형편이 어려운 아이들을 위해 공부방을 열고, 지역에서 소외된 채 힘들게 살아가는 베트남에서 시집온 여인들에게 함께 살자고 손을 내민다. 그런 분을 뵐 때마다 정말 존경스럽다. 이런 분들이 이 어두운 세상을 버티는 밑돌 중 하나다.

그녀들은 진보이기 이전에 휴머니스트다. 소외되고 약한 이들을 보고 그냥 있지 못하는 따뜻한 가슴의 소유자들이다. 우리의 방향이 왜 사람이어야 하는지를 행동으로 말하는 분들이다. 진정한 진보는 휴머니스트여야 한다. 사회적 약자를 향한 눈길을 거두지 않는 사람들이 세상을 끌어가야 한다. 지금 이 순간에도 진보하는 여성이 더 많아져야 한다. 세상의 진정한 주인으로 당당하게 살기를 바라는 여성이 늘어나야 한다. 그런 여성들이 세상의 절반을 가득 채울 때, 우리가 살아가는 모습은 지금과 달라져 있을 게 분명하다.